前　言

　　青春健康教育，主要是对青年群体进行性与生殖健康知识的传授与培训，旨在提高其性生理、性心理及生殖健康知识水平，树立健康阳光、积极向上的观念，正确应对青春期的变化，增强自尊、自信、自爱意识及自我保护能力，形成正确的价值观和拥有健康的心态，扣好青年人生的第一粒扣子。

　　我国有3亿多10~24岁的青少年人口，他们的健康成长，直接关系到国民的整体素质，也关系到国家和民族的前途和命运。在价值取向多元化、社会快速发展的今天，青少年也面临着诸多社会问题：性成熟提前，首次性行为年龄下降，婚前性行为增加，意外怀孕、不安全流产增多，艾滋病感染率上升，吸毒人群低龄化，性侵、性骚扰等不良现象高发。这些问题的存在和发展，不仅引发青少年生理、心理疾病，对他们的健康成长带来了严重威胁，而且也给社会治理带来了诸多不安定因素。科学调研显示，青少年在性与生殖健康方面的认知、态度、行为能力令人担忧，即使是已处于青春期晚期的高校大学生，对性与生殖健康也认识不足，容易受到不科学、不健康信息的误导。因此，青春健康教育是一项非常重要、非常紧迫、需要全社会长期关注的工作。

　　2017年10月，习近平总书记在党的十九大报告中指出，实施健康中国战略。其实，早在2016年10月，国家已作出了行动部署，中共中央、国务院印发了《"健康中国2030"规划纲要》（以下简称《纲要》）。《纲要》指出，要将健康教育纳入国民教育体系，把健康教育作为所有教育阶段素质教育的重要内容。《纲要》还明确提出"减少不安全性行为和毒品危害""强化社会综合治理，以青少年、育龄妇女及流动人群为重点，开展性道德、性健康和性安全宣传教育和干预,加强对性传播高危行为人群的综合干预,减少意外妊娠和性相关疾病传播。大力普及有关毒品危害、应对措施和治疗途径等知识"。这对我们的工作提出了明确的要求和重要的指导意见。

武汉铁路职业技术学院于2002年被中国计划生育协会选定为首批且湖北省唯一的高校"青春健康教育"国际合作项目试点单位。在学校领导的大力支持下,学校成立了青春健康教育办公室,致力于青春健康教育项目的推广。在性与生殖健康教育的培训过程中,我们主要是以"同伴教育"的方式展开,以中国计划生育协会编写的《青春健康人生技能培训指南:成长之道》为重要参考资料。经过多年的实践总结,我们认为需要激励更多的青年学生参与其中,需要针对教育对象整合教育专题,让更多学生阅读青春健康教育书籍,学习青春健康教育知识,于是就有了编写本书的初衷。

本书立足于"立德树人"的根本任务,秉持"健康第一"的教育理念,在充分调研的基础上,编写了"认识'性'""青春不任'性'""'艾'知多少""无'毒'青春""成长之'网'"5个专题。本书旨在通过有针对性的主题活动,培养青年学生的健康意识、观念和生活方式,提高其健康素养,学会如何应对当下可能面临的挑战,力求把青春健康教育融入到健康中国、社会治理等国家发展大局中来。笔者希望,不仅让青年学生增强性道德、性健康、性安全等意识,还要让他们认识到每个人都是自己健康的第一责任人,对家庭和社会都负有健康责任。

本书在编写过程中,参考了国内外大量的文献资料,但限于篇幅,只列出了部分主要参考文献,对未能列出的参考文献,编者深表歉意。

本书各单元执笔者:第一、二单元,第五单元主题二部分,王荔;第三、四单元,第五单元主题一部分,吴芳。由于编者的水平有限,书中难免有疏漏之处,恳请专家、同仁、读者不吝赐教。

青春健康教育之路,依然任重而道远。让我们一起关心、关注青年学生的健康成长,共同携手,造福未来。

编　者

2021年3月于武汉

青春健康教育活动公约

◆保密：在小组内讨论的私人问题，只保留在本小组内。

◆尊重：每个人的观点和经验都应得到尊重，虽然尊重但并不等于同意。

◆开放：每个人都敞开胸襟，虚心倾听多方观点，但不探究他人隐私。

◆平等参与：每个人都应最大限度地参与每项活动。

◆团结合作：参与者与组织者平等地营造一个舒适、可自由发表意见和自己喜欢的环境。

◆陈述自己的观点：鼓励用自己的观点来阐述自己的价值观和喜好。

◆分享：在活动结束后，向其他同龄人传递所获得的信息。

◆放弃的权利：尽管我们鼓励每个人参与活动，但也允许有人说"我不想参加这个活动"或"我不想回答这个问题"。

◆匿名：必要时可以匿名提问，并保证对所提问题均有答复。

◆接受：感到不自在可以接受，因为即使是成年人在讨论"性"这样的敏感话题时，也会感到不自在。

目　录

第一单元
认识"性"

【单元目标】

1.理解生理性别和社会性别的概念。

2.树立尊重、平等的社会性别观念；认识同伴交往，掌握同伴交往的技能。

3.尊重理解不同的爱情观，学会处理恋爱中的烦恼。

4.了解性，认识性行为的后果；掌握做决定的技能。

【单元重点】

1.克服性别刻板印象，摒弃错误的性别意识，树立性别平等意识。

2.掌握同伴交往的技能，树立正确的爱情观。

3.建立正确的性态度和性观念，树立作健康、安全、负责任决定的意识。

主题一　社会性别与同伴交往

一、常识速递

1.生理性别

生理性别是男性与女性之间的生物性区别。这些区别与生理相关，一般来说，是不会改变的。通过生物性区别，我们可以指出一个人是男性还是女性：生殖器官的类型（阴茎、睾丸、阴道、子宫）；所分泌荷尔蒙（激素）的类型（雌激素、睾酮）；产生精子以及卵子的能力；生育和哺乳的能力。

2.社会性别

社会性别区别于以人的生物特征为标志的"生理性别"，指在一定的文化和社会中，由社会构建的性别角色、责任和期望。社会性别也受风俗、法律、阶级、个人或社会偏见的影响。"男性"和"女性"的含义就在这些过程中得到界定，并随着时间的推移和文化的不同而有所变化。

3.性别刻板印象

性别刻板印象是个体在成长、发展及社会化的过程中逐渐学习到的粗浅、简化或过度类化的性别概念。这些概念即使与事实不符，仍为人所接受；虽然会随着时代潮流、文化变迁而改变，但为同一社会成员所接受且不易改变。

4.同伴交往

同伴交往是指青少年朋友与同一年龄阶段的伙伴之间的交往。随着年龄增长、学历阅历增加、认知能力增强,青少年逐渐走出家庭的圈子,与同龄的伙伴交流、交友。同伴是青少年社会行为的强化物,同伴的反应方式对个体行为具有正强化或负强化的作用。同时,同伴也是评定个体行为的一个参照物。

二、活动设计

【课堂活动 1　快速联想:男性、女性】

(1)活动目的:认识生理性别和社会性别。

(2)活动准备:大白纸、白板笔。

(3)活动时间:15 分钟。

(4)活动流程:

第一步　主持人将学员分为若干小组,每组 8~10 人,每组一张白纸,每人一支白板笔。

第二步　主持人在白板上写下"男性"和"女性",并问学员看到这两个词后想到了什么?各小组成员首先将想到的答案写在大白纸上;然后,每组派一个代表,向大家汇报本组答案,时间 3 分钟。

可能的答案

和"男性"相关的词汇　　　　和"女性"相关的词汇

有阴茎、有胡须、理性、身体强壮、掌权者、一家之主、坚强、勇敢、暴躁、父亲……

有月经、胸部突出、能生育、感性、八卦、顺从、温柔、妩媚、整洁、母亲……

第三步　主持人引导学员深入讨论以下问题：

①在这些词汇中，哪些是人一生下来就有的特征（生理性的）？哪些是后来形成的（社会性的）？

②这些描述男性或女性的词汇，可以互换吗？为什么？

③这些后来形成的特征中，有些是男女可以共同拥有的，但我们把它绝对化后就成了社会性别刻板印象。这些"刻板印象"对你有影响吗？

第四步　深入讨论后，学员分享。

（5）活动小结：在填履历表的时候，都有一项"性别"，我们会毫不犹豫地填上"男性"或"女性"。其实，这里的"男性"或"女性"是指人与生俱来的自然属性，也就是生理性别。人的属性包括自然属性和社会属性两个方面，常常用"生理性别""社会性别"来区分。生为男性或女性，是自然的赋予；成长为男性或女性，则是社会的造就。

【课堂活动 2　站队游戏：性别视角下的"男"和"女"】

（1）活动目的：认识社会刻板印象。

（2）活动准备：卡片。

（3）活动时间：20 分钟。

（4）活动流程：

第一步　主持人将事先打印好的卡片发给学员，每人一张，学员独立思考自己手中卡片的内容适用于男性还是女性。

卡片内容：独立、坚强、温柔、果断、细心、心灵手巧、意志坚定、冒险、攻击性强、喜欢小孩、有胡子、醉鬼、光头、化妆、幼儿园教师、维修电器、驯马师、服务员、快递员、厨师、医生、护士、律师、园丁、室内设计师、话务员、秘书、司机、调香师、侦查员、交通警察……

第二步　学员按照主持人的要求站队。

A 队，适用男性；B 队，适用女性；C 队，男女皆可。

第三步　主持人请学员大声读出卡片的文字,其他学员判断站队是否合适。如果有异议,主持人引导大家讨论,并且重新站队。

第四步　主持人提出问题,引导学员一起讨论:

①男性与女性的区别是绝对的吗?

②哪些是传统观念下形成的对男性或女性的"刻板印象"甚至"性别偏见"?

③这种"刻板印象"或"性别偏见"可能导致什么样的后果?

第五步　深入讨论后,学员分享。

(5)活动小结:社会对性别角色有不同的期望,其中很多带有"刻板印象"或"性别偏见"。这些固有的观念态度,一方面,有助于帮助人们认识某一个人;另一方面,又限制了我们的行动,影响了我们的兴趣和能力。

社会性别刻板印象或性别偏见影响着男性、女性的发展机会,如接受教育、公共活动、职业选择、择偶婚恋,进而影响人们的自尊心和安全感。

其实,几乎男性能做的事情,女性都可以做;同时,几乎女性能做的事情,男性也都可以做。我们要自觉克服社会性别刻板印象,摒弃错误的性别意识,树立性别平等意识,给自己和他人更广阔的发展空间。

【课堂活动 3　快速联想:朋友】

(1)活动目的:学会与同伴交往。

(2)活动准备:便利贴、中性笔。

(3)活动时间:15 分钟。

(4)活动流程:

第一步　主持人给每位学员发 3 张便利贴和 1 支笔,然后提出以下问题:

①你希望自己是一个什么样的人,或者具有哪些特点?

②你希望你的朋友是一个什么样的人,或者具有哪些特点?

③你希望你的普通异性朋友是一个什么样的人,或者具有哪些特点?

对每一个问题,主持人都至少要邀请3名男生、3名女生分享自己的答案。

第二步　主持人引导学员进行思考和讨论:

①对自己的要求与对他人的要求是否一样?对谁的要求更高?为什么?

②你的朋友对你的要求是否会与你对他(她)的要求类似?你是否做到了?

③为了保持友谊或者增进朋友之间的友谊,你会怎样做?

④通过这个活动,你有什么体会?

(5)活动小结:同伴是指具有相似的背景或生活环境,或有相似的经历、健康状况、兴趣、需求等,因而能互相学习、互相影响的人。这样的同伴在我们身边通常就是我们的同学、朋友。朋友对每个人都很重要,对处在青春期的我们尤其重要。在人际交往过程中,要学会交流、倾听和理解他人的技能,学会团结协作和共同承担责任。

朋友是相互的,我们的某些行为可以增进与朋友的友谊,也可以损害友谊。可以增进友谊的做法主要有以下5条:

①尊重他人,包括尊重与自己意见或看法不同的人。

②负责任,包括对自己负责任和对他人负责任。

③理解他人,设身处地地去想问题。例如,假设我是他(她),我会怎么想?会怎么做?

④信任,通过自己负责任的行动证明我是可以信赖的,同时也要信任朋友。

⑤关心、关爱他人,包括关心他人的感觉与需要等。

【课堂活动4　情境模拟:应对同伴压力】

(1)活动目的:学会抵抗消极的同伴压力。

(2)活动准备:情境卡片。

(3)活动时间:20分钟。

(4)活动流程:

第一步　将所有学员分为3组,为每一小组分发情境卡片。小组讨论:如果遇到情境卡片上的情况应该如何应对,并派几名代表上台进行角色扮演,每组给予3分钟表演时间。

【情境卡片】

情境A:宿舍的舍友不是很讲卫生,总是把垃圾随意乱丢,每次我都会主动收拾干净。但是,久而久之,我觉得很累,可不收拾我又觉得不整洁。我应该怎么样向他们说这个问题?

情境B:空闲时间大家喜欢聚在一起喝酒、抽烟、聊天。我比较注重健康,不太喜欢那种做法。但是,他们每次都会拉上我,我如果拒绝又显得不合群。我应该如何做呢?

情境C:身边的朋友们都谈恋爱了,而我仍然单身。我隐隐约约觉得他们不喜欢和我玩,好像在嘲笑我,觉得有些丢脸。是我想太多了吗? 我是不是应该接受那个追求我的人呢? 虽然我并不喜欢他/她。

第二步　给学员5分钟的时间,讨论以下问题:

①如果自己遇到以上问题应该如何做?

②希望自己的同伴是一个什么样的人?

③同伴交往时要注意什么?

(5)活动小结:消极的同伴压力会鼓动个人做出一些不负责任,甚至是违法的行为。个人也许会因为受到压力去尝试抽烟、喝酒,甚至吸毒等。"就试一次"的想法十分危险!

如何抵抗消极的同伴压力? 要有主见,有判断,清楚自己应该听谁的,应该避开谁。不要盲目攀比,不要随波逐流,不要因他人的评论而感到沮丧。坚持做自己认为对的事情,不要为了让同伴接受而做一些自己不太认可的事情。要勇于交流,沟通远比把想法藏在心里重要。若遇到难以拒绝的情形,试着别理它,离开那里,或用委婉、幽默的方式谢绝参与。

【课堂活动 5　五色拼盘:谁更适合我】

(1)活动目的:学会选择合适的恋爱对象。

(2)活动准备:白板、白板笔、便利贴、中性笔。

(3)活动时间:45 分钟。

(4)活动流程:

第一步　将参与者分成若干小组。

主持人引导学员:步入青年期,恋爱会成为生命中的一件大事。恋爱,首先是选择伴侣,你心目中的他/她是什么样? 你选择伴侣的标准是什么?

大家从以下词汇(主持人提前写在白板上)中,选择 5 个"最看重的特点"和 1 个"最不能容忍的特点"写在便利贴纸上,也可写出自己认为的其他词汇。

真诚、依赖、独立、无情、责任感、不卫生、理智、纯洁、漂亮、英俊、幽默、温柔、乐观、自信、善良、性感、悲观、善解人意、自以为是、贪婪、富有、花心、勇敢、活泼、自私、上进、粗鲁、无责任感、共同的价值观。

第二步　每个人在小组内分享自己选择的结果并阐述理由。

第三步　各小组推选有代表性的 1~2 位学员在全体学员面前汇报自己的选择结果和理由。

第四步　主持人带领大家继续讨论下列问题：

①如果5个"最看重的特点"要去掉2个，你会如何选择？为什么？

②如果再去掉2个"最看重的特点"，你会去掉什么？为什么？留下的这1个"最看重的特点"，是你最看重的吗？

③分别问男生／女生，你留下的3个"最看重的特点"是什么？男女生在伴侣的选择上有差异吗？

④大家"最不能容忍"的缺点是什么？这项选择上有性别差异吗？

第五步　主持人请学员们把"最看重的特点"（只留下1个）贴到白板相对应的词后面。（把白板转过去，让大家私密性粘贴；男女生依次上台粘贴；如果最后1个是自己认为的其他词汇，请用笔写在白板上）

第六步　主持人把白板转过来，将粘贴结果公布给大家，然后问如下问题：

①这个结果说明什么？

②这个结果与你自己原来的选择标准一样吗？为什么？

③今天的讨论对你有影响吗？

第七步　请大家用简练的语言分享参加这个活动的感受。

（5）活动小结：恋爱伴侣是青春期亲密的同伴。选择伴侣是恋爱的第一步，也是重要的一步。伴侣的选择决定了今后的感情生活状态、朋友关系状态、家庭生活状态和工作状态，每个人都会因自己的选择承担相应的责任或承受相应的结果。

共同的价值观、共同的精神生活、积极进取的人生态度、良好的性格、受教育程度、相互忠诚、相互尊重、与对方家庭和谐相处等，都有助于形成长期稳定的恋爱关系。

【课堂活动6　神秘信封:理解与我们不同的人】

(1)活动目的:学会理解与我们不同的人。

(2)活动准备:绿豆、红豆若干,信封。

(3)活动时间:30分钟。

(4)活动流程:

第一步　主持人向每位学员分发5粒绿豆、5粒红豆和1个信封。

第二步　主持人接下来会向大家提几个问题,希望大家可以诚实地回答。每一个问题,如果答案是肯定的,请在信封里装1粒绿豆;是否定的,则装1粒红豆。

第三步　主持人依次提出以下问题:

①是否对同性有过爱慕的感情?

②是否喜欢按照异性的形象来打扮自己?

③是否想通过变性手术来改变自己的性别?

④是否和同性有过亲密的行为,如接吻?

⑤是否和同性发生过性行为?

第四步　请大家把信封封好,主持人将所有人的信封收上来,并将所有信封里的豆子倒在容器中,观察绿豆与红豆的比例。

第五步　主持人发出提问:"看到绿豆,你想到了什么?"学员分享观点。

(5)活动小结:生活中,每个人都可能或多或少地对同性朋友产生过一定的感情,这是正常现象。也有一些人,对同性朋友会产生更深的爱恋,愿意与同性朋友结为亲密伴侣,这也是客观存在的现象。这些人通常被称为性少数人群,包括同性恋、双性恋、跨性别等。

性取向是一个复杂的问题,各种性取向并无优劣之分。关于性取向有很多种理论,当今绝大多数科学家、心理学家、医学专家认为性取向是先天决定的,它不是一种选择,也不是自己可以控制的。

选择自己的生活,不应遭受歧视和非议。对于性少数人群,应给予尊重和理解,用科学的态度去看待。

三、拓展延伸

1.阅读好书

(1)《人性的弱点》,(美)戴尔·卡耐基著,陶曚译,天津:天津人民出版社,2014。

推荐理由:这本书汇集了"成人教育之父"戴尔·卡耐基的思想精华和最振奋人心的内容,会告诉你如何在日常生活、工作场合和社会交往中与人打交道,并有效地影响他人;如何击败忧虑,以创造一种幸福美好的人生。

(2)《他人的力量:如何寻求受益一生的人际关系》,(美)亨利·克劳德著,邹东译,北京:机械工业出版社,2017。

推荐理由:在这本书中我们可以看到,一段健康的关系能给人带来积极成长的动力。

(3)《钱钟书与杨绛》,孔庆茂著,南京:凤凰出版社,2011。

推荐理由:相濡以沫的爱情,便是爱情最好的样子。

2.影音分享

(1)《大话王》,汤姆·沙迪亚克执导,金·凯瑞等主演。

推荐理由:喜剧片,在幽默中讲述谎言和诚实对一个人的事业、家庭、人际关系的不同意义。

(2)《通天塔》,亚历桑德罗·冈萨雷斯·伊纳里图执导,布拉德·皮特、凯特·布兰切特等主演。

推荐理由:很震撼的剧情片,在彼此语言不通的情况下,理解他人和得到他人理解面临着很大的困难和挑战。

(3)《无问西东》,李芳芳执导,章子怡、王力宏等主演。

推荐理由:不同时代的年轻人,对青春满怀期待,有理想、有爱情、有事业。他们在面临人生艰难的抉择时,在矛盾与挣扎中一路前行,找到真实的自己。

四、学习反馈

(1)课堂活动反馈。

课堂活动	你最大的收获或感想	你的建议
活动1 快速联想： 男性、女性		
活动2 站队游戏： 性别视角下 的"男"和"女"		
活动3 快速联想:朋友		

课堂活动	你最大的收获或感想	你的建议
活动 4 情境模拟： 应对同伴压力		
活动 5 五色拼盘： 谁更适合我		
活动 6 神秘信封： 理解与我们不同的人		

（2）拓展延伸项目反馈。

拓展延伸项目	最打动你的细节	你的最大感受
你读过的书：		
你看过的电影：		
你的其他推荐：		

（3）通过本次主题活动，你在"社会性别与同伴交往"方面，是否还存在感到困惑的地方？主要的困惑点是：_____

_____

_____

_____

别担心，我们会为你保密！若你需要帮助，我们将提供必要的支持。

主题二 性行为与决定

一、常识速递

1.男性生殖系统结构和功能

男性生殖系统包括内生殖器和外生殖器两个部分。内生殖器由生殖腺（睾丸）、输精管道（附睾、输精管、射精管和尿道）和附属腺（精囊腺、前列腺、尿道球腺）组成；外生殖器由阴囊和阴茎组成。

男性生殖系统
- 内生殖器
  - 睾丸：男性的主要性器官，能够产生精子，分泌雄性激素
  - 附睾：能够储存和输送精子
  - 输精管：输送精子
  - 精囊腺和前列腺：分泌黏液，便于精子运动
- 外生殖器
  - 阴囊：保护睾丸和附睾
  - 阴茎：内有尿道，是精液和尿液排出的通道

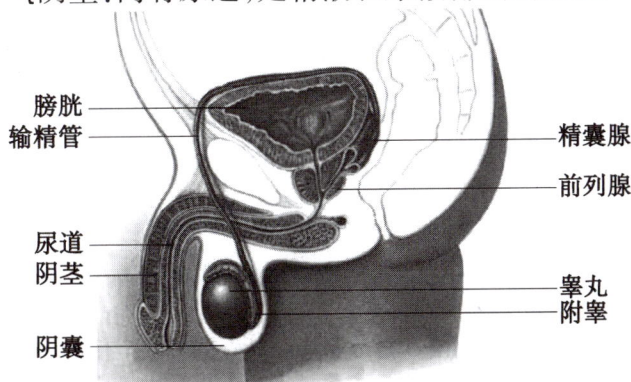

膀胱
输精管
精囊腺
前列腺
尿道
阴茎
睾丸
附睾
阴囊

男性生殖系统解剖图

2.女性生殖系统结构和功能

女性生殖系统包括内、外生殖器官及其相关组织。女性内生殖器包括阴道、子宫、输卵管及卵巢;女性外生殖器指生殖器官的外露部分,又称外阴,包括阴阜、大阴唇、小阴唇、阴蒂、阴道前庭。

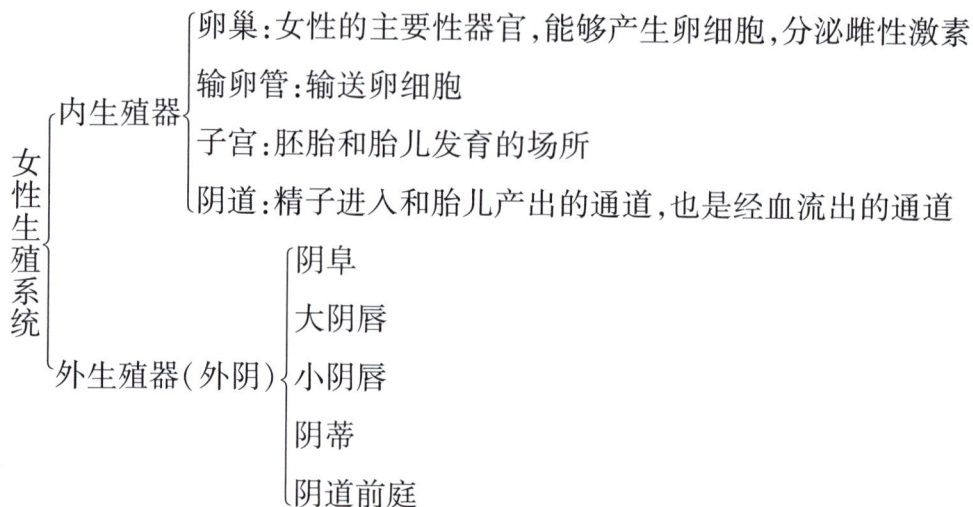

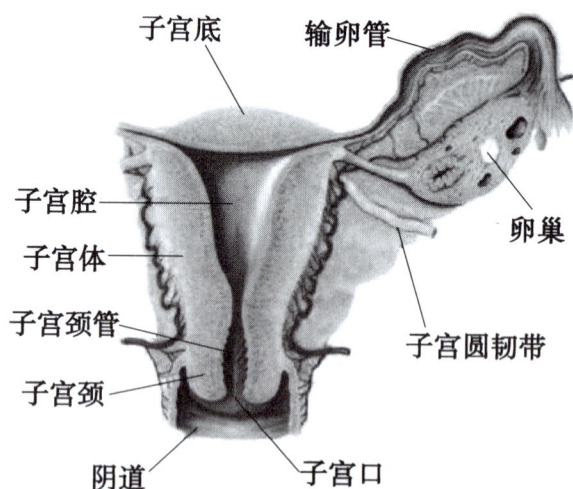

女性生殖系统
├─ 内生殖器
│   ├─ 卵巢:女性的主要性器官,能够产生卵细胞,分泌雌性激素
│   ├─ 输卵管:输送卵细胞
│   ├─ 子宫:胚胎和胎儿发育的场所
│   └─ 阴道:精子进入和胎儿产出的通道,也是经血流出的通道
└─ 外生殖器(外阴)
    ├─ 阴阜
    ├─ 大阴唇
    ├─ 小阴唇
    ├─ 阴蒂
    └─ 阴道前庭

女性内生殖器解剖图

3.性态度

性态度是人的一种稳定的心理状态,它由 3 种因素构成:性认知、性情感和性行为倾向。性认知既包含对性知识的理解,也包括对性规范,如与性有关的法律和性道德的知识,这是人形成正确性态度的重要前提。

性情感是人对性行为的体验,性情感成分是人对性行为的情绪体验,即对性生理反应的主观感受。性行为倾向是人对性行为的期待和意向。

步入青春期,大家开始对"性"有好奇、有渴望,但性行为的发生不是随心所欲的。我们必须树立正确的性态度和性观念,在面对抉择时,作出健康、安全、负责任的决定。

二、活动设计

【课堂活动 1　脱敏游戏:面对"性"】

(1)活动目的:坦然面对"性"。

(2)活动准备:无。

(3)活动时间:15 分钟。

(4)活动流程:

第一步　依次让学员说出一个带动物名词的成语,如指鹿为马、鹤立鸡群、百鸟朝凤等。每位学员的成语不能重复。然后,让每位学员在自己说的成语前加上"小哥哥(小姐姐)我洞房花烛夜"这几个字,再让学员依次大声把"小哥哥(小姐姐)我洞房花烛夜"和成语连贯起来说出来,如"小哥哥(小姐姐)我洞房花烛夜指鹿为马"。

第二步　在活动结束以后,主持人提问:"为什么刚开始说这些成语的时候,大家没有笑?而加上'小哥哥(小姐姐)我洞房花烛夜'就哄堂大笑?"

第三步　学员分享观点。

(5)活动小结:这个游戏说明,因为"性"的观点被人为地加上了很多禁忌,所以变得敏感。但是,"性"本身是健康、自然的。

性是每个人成长过程中至关重要的因素,性是很自然和正常的事情。

发育成熟的青年和成年人一样,会有性欲望,也会有希望了解与性有关的知识和信息的需求,这是正常的,不必感到难为情。对性的了解有助于培养我们对性的认识和态度。

性是种族延续的方式,也是爱的表达方式。性是重要的,但不是人生的全部。在恋爱过程中,都有可能接触到性行为。但是,不管选择什么样的表达方式,都要深思熟虑后再作决定。

【课堂活动 2　各抒己见:爱情与性】

(1)活动目的:认真思考爱情与性的关系。

(2)活动准备:大白纸、白板笔、卡片。

(3)活动时间:15 分钟。

(4)活动流程:

第一步　主持人向学员提出问题:"你认为爱情与性的关系应该是什么样的?"然后给每个人发一张卡片,卡片上有 5 种代表性的观点:有爱无性;先有爱才有性;爱与性同时有;先有性才有爱;有性无爱。

请学员在自己同意的观点下面打"√",可以多选。

第二步　主持人统计出每种观点的票数。

第三步　主持人将学员分为 3 个小组,每组选代表向大家说出自己同意的观点,并陈述理由。

(5)活动小结:"爱情与性"的关系,是个既古老又现实的问题。说它古老,是因为可以追溯到柏拉图,追溯到 11 世纪法国的骑士爱情,追溯到弗洛伊德;说它现实,是因为遇到了"婚前性行为""婚外恋"等问题。

恋人之间,性总是辅助,爱情才是主体,合理的性可以巩固爱情,过分的性会压毁爱情。如果爱情足够坚固,性的作用就小了;只靠性维持的爱情,终究会破灭。

有机构曾对大学生进行过长达 15 年的随机抽样调查,在性爱观方面,虽然社会发生了巨变,大学生的性行为有所增加,但他们的观念却基本没有变化:相信"先有爱才有性"的人一直占据主流地位,其次是"爱与性可以同时有",两者共占了 90% 左右。关于这个问题的讨论,对大家今后选择什么样的生活方式,应该会带来诸多思考。

【课堂活动 3　问题讨论:婚前性行为】

(1)活动目的:树立作健康、安全、负责任决定的意识。

(2)活动准备:大白纸、白板笔。

(3)活动时间:30 分钟。

(4)活动流程:

第一步　主持人提出问题:通过前面的学习和活动,我们了解到,有些青年朋友开始谈恋爱了,也有人开始考虑可以尝试更进一步的行为。对于婚前性行为,有人觉得可以接受,有人坚决反对。你们怎样看待有些人准备(或已经)尝试性行为?

第二步　将学员分成两组,同意婚前性行为的为一组,反对婚前性行为的为一组。小组内展开讨论:"为什么赞成/反对婚前性行为?"将理由列在大白纸上。

第三步　主持人在白板上写上"赞成方"和"反对方",并将各方的大白纸粘贴在相应位置上。两个小组分别汇报讨论的结果。

第四步　主持人对任何理由都不加以评判,当讨论双方争执不下的时候,引导学员深入思考:无论赞成还是反对,理由都十分充分。对于婚前性行为,最关键的是当恋爱双方各自面对这个问题时,会作出怎样的选择。

第五步　主持人根据讨论情况进行总结。

(5)活动小结:步入青春期,开始有了性意识。但是否发生性行为,以下 6 点一定要明确：

①发生性行为是你自己的选择，不是他人强迫的。

②你的决定是经过深思熟虑的，不屈从于他人的影响或压力。

③做出决定前，你需要明白性行为可能带来的后果和应负的责任。

④拒绝是困难的，但真诚的交流总能成功。

⑤最终要作出一个对自己和对方都健康、安全、负责任的决定。

⑥如果决定发生性行为，一定要采取安全措施。

【课堂活动 4　案例分析：小芳的决定】

（1）活动目的：理解做决定的思考过程。

（2）活动准备：大白纸、白板笔。

（3）活动时间：30 分钟。

（4）活动流程：

第一步　主持人事先将案例写在大白纸上，并向大家讲述：

小刚与小芳是本地一所大学同班同学。小刚对小芳很有好感。他喜欢小芳的开朗热心、美丽善良，一直寻找机会接近她。有时，小刚会故意请求小芳的帮助，小芳也会像对待其他同学一样热心地帮助他。小刚觉得和小芳在一起很开心，甚至有一种莫名的冲动。一天，小刚写了一封动人的情书悄悄递给了小芳，并告诉她这周六他一个人在家，希望小芳能去他家玩。

第二步　将男女生分成两组，然后进行讨论，分别列出小芳可能的做法、原因及结果。

可能的做法	为什么	可能的结果
…	…	…

第三步　各小组选派代表报告讨论结果,并请对方小组提问。

第四步　主持人梳理各小组讨论结果,向大家介绍理智思考和做出明智决定的过程。

(5)活动小结:每件事情都会有几种选择,每种选择都会有一定的理由。你要学会分析每种选择的利和弊,做出审慎、负责任的决定。这个过程包括以下方面:清楚自己面临什么问题;尽可能全面地了解与之有关的情况;可能的选择有哪些;权衡各项选择的利弊,最终做出决定;坚定自己的选择并采取行动。

【课堂活动5　角色扮演:如何做决定】

(1)活动目的:学会做决定的技能。

(2)活动准备:大白纸、白板笔、情境卡片。

(3)活动时间:45 分钟。

(4)活动流程:

第一步　主持人提出问题:在日常生活中,我们会觉得拒绝别人的要求并不是一件容易的事。试想一下,如果你的恋人向你提出了性要求,可你却不想这么做,你会怎样拒绝他/她呢?

第二步　将学员分成 3 组,每组各发 1 张情境卡片。学员按照卡片内容做准备,分别进行模拟情境表演。

【情境卡片】

情境 A:微风轻拂的夏日夜晚,一对热恋情侣(别无他人)漫步在海滨。月色撩人,海浪轻轻拍打着海岸,这时男方提出性要求,女方拒绝。

情境 B:周末旅馆,一对热恋情侣(别无他人)。女方提出性要求,男方拒绝。

情境 C:出租屋内,一对热恋情侣(别无他人)。今天是女方的生日,有佳肴、有蛋糕、有美酒、有音乐,双方微有醉意,男方提出性要求,女方同意。

第三步　结合以上表演,主持人组织学员讨论:

①上面涉及拒绝的情境中,拒绝方式是否合适? 为什么?

②被拒绝方是否有可能接受拒绝者的拒绝? 为什么?

③询问扮演拒绝者的学员:"作为拒绝者,你有什么感受?"

④询问扮演被拒绝者的学员:"作为被拒绝者,你有什么感受?"

⑤大家认为比较好的拒绝方式是什么?

第四步　主持人开始下一轮练习,逐项读出白板上的 5 个情境讨论结果,请学员针对情境内容代入角色,进行有效拒绝的练习。

情境 A:宝贝,别的恋人之间都是这样做的,我们那么相爱,就试试吧。

情境 B:如果你真的爱我,就应该理解我的感情,我们彼此都那么爱着对方,还有什么不可以做的。来啦,我们都是大人了,还等什么?

情境 C:我们上次不是都已经试过啦,感觉也不错,这次你怎么又不愿意了?

情境 D:有性要求是正常的,而且性行为会使我们更亲近,我们来试试吧,我太爱你了,有些控制不住自己。

情境 E:我知道你其实同我一样很想试试的,为什么不愿意呢? 如果你真的爱我,就证明给我看;如果你不肯,就说明你不爱我。

第五步　主持人读出参考答案,请学员体会怎样的拒绝方式是更有效的。

可参考回答:

A:别人是别人,但是我还没有想好,我们也没有准备好。我相信好多人都不会这样做的,包括我。

B：我不与你发生性行为，但并不等于我不爱你。如果你真的爱我，就不要逼我做不想做的事情。

大人做事情都是会深思熟虑的，并且会把结果想清楚。不如我们先来聊一聊做过之后，会有什么样的后果和责任，好不好？

C：上次是上次，现在我想再考虑考虑，我知道你是不会逼我的，是不是？

D：我知道有性要求是正常的，我也理解你的心情，可是你想过没有，我们"试试"以后会有什么后果呢？冲动是魔鬼啊！我觉得彼此互相尊重、坦诚交流，也让我们越来越了解对方、越来越亲近。

E：似乎你都不了解我，不知道我想要什么。真正关心我、尊重我的人，这才是我想要的。你这样说，很不尊重我，你真的爱我吗？如果你真是这样的想法，我要好好想想了，你是否值得我爱？

(5)活动小结：当你做决定前，请先问自己以下5个问题：

①我真的了解他/她吗？我的要求对方能接受吗？

②我能保证这个决定为他/她所认可和尊重吗？

③我能保证这个决定不给自己和他/她带来伤害吗？

④我能保证这个决定是健康、安全、负责任的吗？

⑤我了解预防意外怀孕的方法吗？我能够承担意外怀孕的后果吗？

千万不要怕拒绝，因为下面3点很重要：

①拒绝是权利。你有说"不"的权利，而且也要尊重他人说"不"的权利。性建立在尊重、平等、自愿的基础上，每个人都有拒绝的权利。

②拒绝是技能。拒绝要有力，语气坚定、态度明确，肢体语言与言语态度要一致。

③爱可以是拒绝性要求的最好理由，有力的拒绝方式是反击："如果你爱我，就不会让我做我不愿意做的事。"

一个不尊重你、不信任你、不愿意倾听你的感受，或者只想和你发生性行为而不顾及后果、不负责任的人，你一定要学会说"不"。

三、拓展延伸

1.阅读好物

《你住在爱情的哪一楼》,(美)伊雅娜·范赞特著,黄秀媛译,重庆:重庆出版社,2010。

推荐理由:畅销的两性情感关系经典作品,里面的许多话打动了许多人,如"除非内心有爱,否则不可能得到外部的爱"。书中充满了感情智慧,相信会对你有所启发。它是让人走出情感混沌期,寻找真爱与发现自我的最佳心灵抚慰书。

2.影音分享

科教纪录片《爱的奇迹》。

推荐理由:生命的诞生是一个伟大而神奇的过程,观后会知道"'我'从哪里来?"感动之余,更会让你学会尊重生命。

3.关于"性"的自问自答

(1)如果你渴望性,你就应该去发生性关系。

错误。性欲并不一定要联系到性行为。事实上,人们可以很享受性欲的感觉而不是去想要发生性行为。

(2)如果一个男性有了生理反应,就表示他想要发生性行为了。

错误。男性的生理反应可以在没有特别原因的情况下发生。例如,大多数男性早上起床时会有生理反应,因为他们的膀胱是满的。此外,处于青春期的男孩常常会在没有任何性欲望或性兴奋的情况下自然产生生理反应。

(3)社会期望"女性不要渴望性"的观点会影响她们对性的渴望程度。

正确。性的渴望会受社会期望的影响。如果一个女性认为她不应该渴望性,她可能就会压抑并否认自己的性欲。

（4）有些女性的性欲比她们的性伴侣还要强烈。

正确。性欲程度因人而异,也同样会受到环境的影响。生活中有些时候,在某些情侣中,女性的确有可能比她的性伴侣更渴望性。

（5）人们对于一些他们在真实生活中并不想经历的东西会有性幻想。

正确。幻想就是幻想,一个人可能并不想真的体验幻想中的情节。

（6）对意外怀孕和被感染性病的恐惧会影响性欲。

正确。不同的情绪,如害怕,可以影响人们对性的渴望。

（7）每个人的性欲程度是随着时间和环境不断改变的。

正确。对性的渴望的"正常"程度差别十分大,性欲受身体、情绪和社会因素的影响。如果一个人的性欲对自己造成了麻烦,他/她可以向性健康专业人员求助。

（8）男性有时不渴望性也是很正常的。

正确。不管男性还是女性,没有人会每时每刻都想要发生性行为。

（9）如果一个男性在性爱过程中无法产生生理反应,表示对方并非他喜欢的人。

错误。男性在性爱中没有产生生理反应,可能有各种原因。例如,由于健康状况服用了某一类药物,或因为情绪原因而焦虑紧张。

（10）有些药物会影响性欲。

正确。有些药物的副反应会导致性欲下降,但有些药物则会使男性产生生理反应。医生通常不会与病人讨论药物对性的影响,如果对这种副反应有担心,可以向专业医生咨询。

（11）一个人可以对自己不爱的人产生性欲。

正确。人们常常会混淆性欲和爱,你可能爱一个人但并不渴望与她/他发生性关系;你也可能会对一个你不爱的人产生性冲动。

（12）如果你渴望性,你会变得性兴奋。

错误。有的时候人们会渴望性,却不会被激起性兴奋。这种情况会发生在很多人身上,没有什么值得担心的。

（13）自慰是有害的。

错误。自慰是无害的。恰恰相反,它是一种安全而又有益地了解自己身体的方式。但它是一种个人选择,有些人自慰,有些人并不这么做,还有些人并不赞同这种做法。

（14）频繁自慰是一个问题。

错误。经常性的自慰是没有关系的。只有在一种情况下被视为问题:自慰影响到正常的生活,或者在自慰过程中妨碍到其他人或者对他人造成了伤害。

（15）如果女性在第一次发生性行为时没有血迹,说明她不是处女。

错误。初次发生性行为时,处女膜会被顶破而形成裂口,并造成出血。由于处女膜形态各异,破裂的程度会有很大差别。如果发生以下情况,也可能不出血:剧烈运动、阴道用药、某些繁重的体力劳动等可致处女膜破裂;有的女性处女膜在破裂时出血量少,并不一定会流出阴道外;部分女性处女膜较松弛,处女膜孔也较大,在性行为后处女膜不发生破裂,也不会出血。所以,处女膜破裂或者不出血不能说明一个女孩已经有过性行为。

（16）可以不通过直接性行为满足伴侣的性需要,使其达到性高潮。

正确。除了采用直接性行为这种方式外,也可以通过抚摸、按摩或摩擦等间接方式满足伴侣的性需求,使其达到性高潮。

（17）男性性高潮后不能控制自己而且必须射精。

错误。一些男性认为,如果达到真正的性兴奋,他们就有高潮并且必须射精,但这样并不正确。中止也许会造成不舒适,但这种感觉会逐渐减退,无论男性还是女性,都可以在一次性经历中的任何时候中止。

四、学习反馈

（1）课堂活动反馈。

课堂活动	你最大的收获或感想	你的建议
活动1 脱敏游戏：面对"性"		
活动2 各抒己见：爱情与性		
活动3 问题讨论：婚前性行为		
活动4 案例分析：小芳的决定		

续表

课堂活动	你最大的收获或感想	你的建议
活动5 角色扮演：如何做决定		

（2）拓展延伸项目反馈。

拓展延伸项目	最打动你的细节	你的最大感受
书籍 《你住在爱情的哪一楼》		
科教纪录片 《爱的奇迹》		
你的其他推荐： _____		

（3）通过本次主题活动，你在"性行为与决定"方面，是否还存在感到困惑的地方？主要的困惑点是：_____

_____

_____

_____

别担心，我们会为你保密！若你需要帮助，我们将提供必要的支持。

附:大学生性知识及性态度问卷调查

1.你有可以一起过情人节的那个他/她了吗？（　　　）

A.有　　　　　　　B.没有

2.你想要了解性知识吗？（　　　）

A.想　　　　　　　B.不想　　　　　　C.无所谓

3.你一般从哪些途径获得性知识？（多选）（　　　）

A.学校教育　　　　　　　　　　B.家长

C.朋友间交流　　　　　　　　　D.自我探索

E.书本、电视、网络等媒体资源　F.非法出版物及光盘

4.你认为自己的性观念如何？（　　　）

A.很传统　　　　B.较传统　　　　C.一般

D.较开放　　　　E.很开放

5.在性方面有困惑时,你会咨询老师或者父母吗？（　　　）

A.不会,相信他们不能给予有用的帮助

B.不会,但是相信他们可以给予有用的帮助

C.不会,觉得尴尬

D.会,他们会给予有用的帮助

E.会,虽然不一定会有用,但可以寻求心灵上的安慰

6.你觉得该在什么阶段开始性教育？（　　　）

A.幼儿园　　　　B.小学　　　　　C.初中

D.高中　　　　　E.大学

7.你在什么阶段开始接受性教育？（　　　）

A.幼儿园　　　　B.小学　　　　　C.初中

D.高中　　　　　E.大学

8.你对目前学校性教育的评价是（　　　）。

A.满意　　　　　B.一般　　　　　C.不满意　　　　D.很不满意

9.你想获取哪方面的性教育?（多选）（　　　）

A.性器官教育　　　　　　　　　B.性别角色教育

C.两性之间人际关系教育　　　　D.性道德、性伦理教育

E.性心理教育　　　　　　　　　F.其他

10.你对大学生婚前同居的看法是什么?（　　　）

A.赞成　　　　　B.反对　　　　C.不反对,但不提倡

11.你对性和爱的态度是什么?（　　　）

A.性和爱是分离的　　　　　　　B.性和爱是一体的

C.可以接受无爱的性　　　　　　D.可以接受无性的爱

E.不清楚

12.如果你身边的人有过性行为,你会怎么看待他?（　　　）

A.觉得很正常　　　　　　　　　B.觉得道德败坏

C.感到尴尬　　　　　　　　　　D.没感觉,事不关己

13.你认为在什么情况下可以发生性行为?（　　　）

A.双方愿意就可以　　　　　　　B.只要基于爱情就可以

C.必须双方准备结婚才可以　　　D.必须结婚后才可以

14.你认为发生性行为后,是否要对对方负责任?（　　　）

A.要负责任,非对方不嫁(娶)

B.要负责任,但未必和婚姻挂钩

C.不用负责任,双方自愿,大家开心就好

15.你同意"性教育会导致更多的性行为"这一观点吗?（　　　）

A.同意　　　　　B.不同意　　　　C.不知道

16.你对同性性行为的态度是什么?（　　　）

A.认可　　　　　　　　　　　　B.不认可,但可以理解

C.不认可　　　　　　　　　　　D.无所谓

17.你对自慰的态度是什么?（　　　）

A.正常现象　　　　　　　　　　B.病态

C.自己有过   D.有自责、自卑感

18.你认为目前学校性教育中存在的困难是什么？（多选）（　　）

A.学校不重视   B.老师和家长反对

C.学生不愿参加   D.形式和内容欠佳

E.老师本身缺乏相关专业知识

19.如果对本问卷有的问题回答得不够真实,原因是什么?（　　）

A.问题太敏感   B.题目不道德

C.不愿谈及   D.回答都是真实的

20.你对学校在学生性教育方面有什么好的建议?

_____

_____

_____

第二单元

青春不任"性"

【单元目标】

1. 了解基本避孕原理、常用避孕方法、紧急避孕方法、人工流产的危害。
2. 学会应对性骚扰，防止性侵害，提高自我保护能力。

【单元重点】

1. 了解预防意外怀孕的知识，掌握安全套的正确使用方法。
2. 了解如何应对性骚扰，防止性侵害，掌握防"狼"之术。

主题一　预防意外怀孕

一、常识速递

1.避孕

避孕是应用科学手段,使女性暂时不受孕。常见的避孕方法有使用安全套、避孕膜,口服避孕药,安全期避孕,体外排精避孕,宫内节育器避孕,手术避孕等。

避孕的原理:抑制精子、卵子的排出;阻断精子、卵子的结合;阻碍受精卵着床发育。

2.紧急避孕

紧急避孕是指在没有采取避孕措施(无防护)或避孕失败(安全套破裂或滑落、漏服避孕药等)的性行为后,在有效时间内采用一种避孕的补救措施,包括服药或放置宫内节育器,以此达到预防非意愿妊娠或减少流产发生的目的。所以,紧急避孕又叫事后避孕,也叫应急避孕。

许多年轻女性将紧急避孕药当作避孕失败后的"救命稻草",殊不知频繁服用易带来许多副反应。对紧急避孕药应该有正确认识,服用应遵医嘱。

服用紧急避孕药的注意事项:

①紧急避孕药只对前一次性行为有事后避孕作用,服药后不能再有无防护措施的性行为。

②服药后有少量阴道出血不是避孕成功的标志,如果没有月经样出

血,应及早到医院检查。

③服药后 1 小时内如发生呕吐,应尽快补服 1 次。

④紧急避孕药只能偶尔使用,不能代替常规避孕方法。

⑤已经妊娠的女性禁用紧急避孕药,因为紧急避孕药对已经确认的妊娠是没有流产作用的。

⑥发生无保护措施的性行为后,服药越早,防止非意愿妊娠的效果越好。

⑦千万不可当作常用药物,专家建议一年口服紧急避孕药不应超过 3 次,否则有可能导致不孕。

当我们走在街上、坐在公交车上、在家看电视、浏览网页时,经常会看到这样的广告词:"三分钟梦幻超导可视无痛人流,无疼痛、无伤害,让您轻松无忧!"简单的几句话,将人工流产描述成了一种享受。人工流产真的像广告上说的那样,没有伤害、没有痛苦吗?

人工流产是指妊娠 3 个月内用人工或药物方法终止妊娠,也可称为早期妊娠终止。它用来作为避孕失败、意外妊娠的补救措施,也用于因疾病不宜继续妊娠、为预防胎儿先天性畸形或遗传性疾病而需终止妊娠者。人工流产可分为手术流产和药物流产两种。常用的有负压吸引人工流产术、钳刮人工流产术和药物流产术。

人工流产对身体会有一定的危害,不宜作为正常避孕的一种方式,任何人工流产都是不得已而为之的补救措施。人工流产可能会带来术时出血、生殖道感染、月经不调,甚至继发性不孕等并发症。特别是多次流产,会对女性身心造成严重伤害。因此,性行为前做好避孕措施才是最安全、健康的方法。

若不得不进行人工流产,也请务必选择在正规的医疗机构进行。不同人适合不同的流产方式,私自药流或在私人诊所进行的手术流产不但价格高而且十分危险。

面对问题要有爱与责任,男女双方应共同承担责任。

二、活动设计

【课堂活动 1　问题讨论:常用的避孕方法】

(1)活动目的:唤起避孕意识,掌握基本避孕知识,学会保护自己。

(2)活动准备:布袋、卡片、各类避孕药品及器械、常见避孕方法对照表(适当空缺)。

(3)活动时间:30 分钟。

(4)活动流程:

第一步　主持人将分别写了各种避孕方法的卡片装入不透明的布袋中,请学员随意抓取卡片。

第二步　学员找出与卡片名称相对应的避孕器械,就个人理解程度,与大家分享其用法与特点,并回答相应的问题。主持人对学员的回答进行一定的补充与提示。

参考问题:

①紧急避孕药可以当作常规避孕方法使用吗,为什么?

②安全期是可靠的吗,为什么?

③体外射精是可靠的吗,为什么?

④未婚女性可以使用宫内节育器吗?

⑤避孕药可以从哪些地方获得?

⑥哪一种避孕方法既可以有效避孕,又可以预防性病和艾滋病?

第三步　主持人拿出常见避孕方法对照表粘贴在白板上,请学员们讨论并填写空白内容。鼓励学员通过手机上网查询资料或用通信方式进行场外求助,学员派代表将空缺的关键信息填写完整。

第四步　主持人总结。

常见避孕方法对照表

避孕方法	说明	避孕效果	是否预防艾滋病或性病	优点	缺点
禁欲	禁止任何性接触和性行为	没有怀孕可能	能	—	—
安全套（又名避孕套、保险套）	由乳胶制成的薄膜套，在性行为前套在阴茎上，防止精液进入阴道	好	能	经济、使用方便、便于携带	每次性行为均需正确使用，个别人有过敏反应
口服避孕药	女性定期口服的合成激素药片，可预防卵巢里的卵子成熟或从卵巢排出	好	不能	舒适度高	按时按量服用，且不可长期依赖性服用，否则可能会引发内分泌紊乱，影响卵巢功能。尤其是紧急避孕药，千万不可当作常用药物
注射避孕药	女性定期由正规医务人员注射一支针剂，能阻止卵子的排出	好	不能	一次肌注至少一个月以上有效，自主性强	必须到医院就诊，正确持续使用

避孕方法	说明	避孕效果	是否预防艾滋病或性病	优点	缺点
宫内节育器	俗称"上环",多用于产后妇女,是常用的比较安全、可靠的避孕方式	好	不能	安全、长效、简便、经济、可逆	需要一段时间去适应,可能会导致月经量增多、不规则出血、白带增多、腰疼等副作用
输卵管结扎	切断输卵管,使卵子无法与精子相遇,是永久性的避孕方法	好	不能	避孕成功率高	需要进行手术,伤口会出现一定的疼痛感,不适合还有孕育需求的人
输精管结扎	切断男性输精管,使精子无法到达储存精液的地方,是永久性的方式	好	不能	避孕成功率非常高,男性结扎不会影响正常性功能	同上
安全期	避免在每月排卵期前后有性行为	不好	不能	只需计算安全期后再选择性行为日子,简单	女性的月经期有时不是很准确,且易受客观因素干扰,也存在健康风险,不建议使用
体外射精	射精前将阴茎从阴道撤出,把精液排在女性体外	不好	不能	简便	不建议使用,要双方都能很好地控制时机,稍有不慎就会失败

续表

避孕方法	说明	避孕效果	是否预防艾滋病或性病	优点	缺点
事后冲洗阴道	性行为后女性冲洗阴道,把精液冲走,这是不正确的避孕方法	没有任何效果	不能	—	—

(5)活动小结:人进入青春期,就意味着有了生育能力。有性行为,即有怀孕的可能。青春期时,女性生殖器官发育不成熟,妊娠和分娩过程中风险较高;同时,流行病学研究发现,初次性行为年龄过早,与患子宫颈癌存在关联。更为重要的是,还未真正踏入社会的青年朋友难以应对和承受意外怀孕的心理和社会压力,对学习、生活、家庭和未来会带来极大的负面影响。因此,预防意外怀孕非常重要。

我们倡导大家学会作负责任的决定,最重要的基础是充分了解各种可能的选择项、有关信息、相关利弊,经权衡后作出适宜的选择。选择避孕方法也是如此。

【课堂活动2　脱敏游戏:"安全套"vs"避孕药"】

(1)活动目的:坦然面对敏感词,活跃气氛,缓解尴尬,便于后续开展如何使用安全套的演示活动。

(2)活动准备:无。

(3)活动时间:15分钟。

(4)活动流程:

第一步　主持人将学员分成 A、B 两组,并给每个组一个关键词作为队名(A 组叫"安全套",B 组叫"避孕药";反之亦可)。

第二步　主持人讲明游戏规则:每组中的学员需要找另外一组中的一人对应,并面对面站立/坐下;每个人伸出自己的双手,一正一反,相对应的两人交错放置,确保能拍到对方的手;主持人会讲一个故事,故事中包含大量的关键词,被叫到关键词的组队,另一组拍对方的手(例如,当提到"安全套"时,A 组的学员要迅速将手抽回,B 组则迅速去拍对应 A 组学员的手)。

一个关键词要说完整后参与者才能作出反应,否则会有"小惩罚"(可以表演节目,也可以在后续环节中回答问题或演示)。

第三步　游戏正式开始。(提示:故事内容与培训话题相关,并设置干扰词)

故事文本示例:

曾经有一个人叫(稍做停顿)小芳,有一天她终于说服男朋友和她开房。进入房间后,她迫不及待地从包里拿出了一盒准备已久(重读)的(稍做停顿)巧克力(干扰词)和一盒安全套(快速读),但是很可惜,因为他们不会正确使用,所以这次避孕失败了。小芳说:"安全(稍做停顿)期(干扰词)靠谱吗?现在我应该是安全期。"但是,男朋友说安全期是不安全的避孕方式。于是两人决定去药店购买紧急(稍做停顿)避孕药(快速读)。售货员告知紧急避孕(稍做停顿)的药物,要在发生性行为之后的(稍做停顿,提问大家"多少小时?"回忆其他避孕的关键信息)72 小时内服用才有效。紧急避孕药(快速读)帮助他们度过了这次危机,但是他们依然不会使用安全套(快速读)。那么,到底应该如何正确使用安全套呢?

第四步　游戏结束。主持人过渡至安全套演示环节。

(5)活动小结:谈"性"不必色变,谈"套"也不必色变。安全套是建议年轻人首选的避孕方法。它可以有效防止怀孕,预防性病、艾滋病等传染病。国际上有个流行的口号"NO CONDOM,NO SEX"(不使用安全套,绝不发生性行为)。但有人不会正确使用安全套,导致避孕失败。当你选择发生性行为时,就应承担起责任,做好充分的准备。

【课堂活动3 "技能"学习:安全套的使用】

(1)活动目的:学会正确使用安全套。

(2)活动准备:安全套、阴茎模型代用品或香蕉、步骤卡片。

(3)活动时间:30分钟。

(4)活动流程:

第一步　主持人提问:"有同学知道如何使用安全套吗?"

第二步　主持人将学员分成若干组,每组发一套正确使用安全套的步骤卡片(一套卡片共14张,每张卡片上写一条步骤,不标记任何序号,确保发下去时顺序是错乱的)。

第三步　每个小组给卡片排序,主持人检查是否正确。然后,过渡至演示环节。

第四步　主持人请一名学员做助手,手拿阴茎模型代用品或香蕉。主持人打开安全套,边讲解边演示如何正确使用安全套。

正确使用安全套的步骤:

①准备工作。

a.与伴侣讨论什么是安全性行为。

b.购买或者在社区、医疗机构免费领取安全套。

c.把安全套存放在干燥阴凉的地方。

d.检查安全套的保质期,确保安全套没有过期。

e.练习戴上安全套,这样在真正使用时才会觉得舒适。

②即将发生性行为之前。

a.小心地慢慢撕开安全套包装,千万不要划伤安全套(不要用牙咬开)。

b.当阴茎勃起,挤出安全套前部储精囊中的空气,从龟头向阴茎根部戴上安全套。

c.从龟头开始向下拨安全套,使其套住整个阴茎。

③在发生性行为中。

a.如果安全套破裂,男性应该马上抽出阴茎(如男方已射精,性行为后需要采取避孕的补救措施)。

b.在射精以后,阴茎仍然处于勃起状态。

c.握住安全套根部。

④性行为结束后。

a.捏住安全套根部,轻柔地取出阴茎。

b.小心地取下安全套,捏住安全套的储精囊,避免精液流出。

c.在安全套根部打结或用卫生纸包住,并妥善处理。

第五步　主持人邀请两位学员再演示一次,请其他学员观察,发现和纠正可能存在的问题,以此检查学员们是否掌握知识点。

(5)活动小结:教大家使用火柴,并不是怂恿大家去放火。安全套是目前在避孕的同时又可以预防性病、艾滋病的唯一有效途径。但是,安全套也不是100%安全的。当代大学生应有自尊、自爱的意识,推迟首次性行为的时间,避免过早发生性行为,对自己和他人负责,不做对自己和他人身心健康有害的行为,做一个健康阳光、积极向上的好青年。

三、拓展延伸

1.阅读好书

(1)《致我们终将逝去的青春》,辛夷坞著,北京:朝华出版社,2007。

推荐理由:作品讲述了女大学生郑微那伴随着甜蜜、苦涩、伤痛与忧伤的青春过往和爱情故事,在一次次抉择中收获成长。你能在作品中收获生命体验,引起对青春和爱情的思考。2019年入选"庆祝新中国成立70周年"主题网络文学作品暨2019年优秀网络文学原创作品。

(2)《霍乱时期的爱情》,(哥伦比亚)加西亚·马尔克斯著,杨玲译,海口:南海出版公司,2012。

推荐理由:有文学评论家认为,这部多姿多彩、时间跨度为50年的巨著,展示了所有爱情的可能性,所有爱情的方式、表现、手段、痛苦、愉快、折磨和幸福。这是马尔克斯获得诺贝尔文学奖之后的第一本长篇小说。

以上两部作品均被改编成影视作品,也可观赏。

2.你知道世界避孕日吗?

每年9月26日,为世界避孕日。世界避孕日是一个国际性的纪念日,旨在提高年轻人的避孕意识,促进年轻人对自己的性行为与生殖健康作出负责任的选择,提高安全避孕率,提升生殖健康教育水平,从而促进年轻人的生殖健康和性健康。2009年,中国首次加入世界避孕日的宣传活动。

近10年世界避孕日中国主题:

2010年:"爱,要负责——科学避孕,远离人流"。

号召为爱负责,科学避孕,远离人流。

2011年:"爱,不要伤害"。

号召正确选择和使用避孕措施,保护自己与伴侣不受意外妊娠及流产伤害,这是在享受爱情的过程中必须学习的课程,更是爱的真正表现。

2012年:"健康避孕,你的权利,你的选择"。

科学选择避孕方式,保护自己与伴侣,这不是你的义务,而是你的权利。懂得如何选择适合自己的避孕方式,更是你负责任地生活的权利。

2013 年:"科学避孕,我的未来,我的选择"。

向广大年轻人传递正确的避孕知识,让他们在了解不同避孕方式的区别的同时,结合自身的需求,选择最适合自己的避孕方式。

2014 年:"科学避孕,我的未来,我的选择"。

倡导年轻人了解科学避孕知识,改变旧观念、旧行为,将避孕作为一项常规的生活规划,科学选择适合自己的高效避孕方式,远离意外妊娠和人流伤害,以拥有更健康、和谐、自由的两性关系。

2015 年:"爱,不冒险"。

面对口口相传的谣言,你是选择相信,还是选择理性的判断?科学选择避孕方式,保护自己与伴侣,了解更多科学避孕知识,一起承诺:爱,不冒险!

2016 年:"知性智行——爱要有一套"。

倡导全社会对青少年生殖健康的关注,提高青少年安全避孕意识,减少非意愿妊娠发生,提高生殖健康水平。

2017 年:"避孕,给身体最高的礼遇"。

呼吁全社会女性提高自主避孕意识,选择健康、科学、有效的避孕方式。

2018 年:"高效避孕,孕育健康"。

倡导和推进使用高效避孕方法,减少非意愿妊娠,维护群众生殖健康。

2019 年:"呵护健康,为爱负责"。

向育龄人群倡导科学避孕的理念,降低非意愿妊娠,减少人工流产,切实保障育龄人群的生殖健康,提高其自我保护意识。

四、学习反馈

（1）课堂活动反馈。

课堂活动	你最大的收获或感想	你的建议
活动 1 问题讨论： 常用的避孕方法		
活动 2 脱敏游戏： "安全套"vs"避孕药"		
活动 3 "技能"学习： 安全套的使用		

（2）拓展延伸项目反馈。

拓展延伸项目	最打动你的细节	你的最大感受
你读过的书/ 看过的电影： _____		
你的其他推荐： _____		

（3）通过本次主题活动，你在"预防意外怀孕"方面是否还存在感到困惑的地方？主要的困惑点是：_____

_____

_____

_____

_____

_____

别担心，我们会为你保密！若你需要帮助，我们将提供必要的支持。

主题二　防止性侵害

一、常识速递

1.性骚扰

（1）含义：性骚扰是指一种不受欢迎或者不被接受，抑或带有性意识的语言或动作。换句话说，如果某一方用各种方法去接近另一方，而另一方没有兴趣，不喜欢、不愿意或不想要这些带有性意识的接近，这些让人感到持续性不舒服的语言与行为都是性骚扰。

（2）主要表现形式：

①言语方式。如用下流语言挑逗对方，向其讲述个人的性经历、黄色笑话或色情内容等。

②行动方式。故意触摸、碰撞、亲吻对方的脸部、乳房、腿部、臀部、阴部等性敏感部位。

③设置环境方式。在工作场所布置淫秽图片、广告等，使对方感到难堪。

（3）主要类型：

①补偿型性骚扰。大多数性骚扰者属于这类。由于长期性匮乏或性饥渴导致的一时冲动，使其对男/女性做出非礼的冒犯举动。此类人的骚扰行径多是出于不同程度的亏损心理，骚扰的目的多是想占便宜。

②游戏型性骚扰。这种性骚扰者多是有过性经验的男/女性，他们把女/男性视作玩物，对女/男性的非礼和不敬是出于有意的游戏心态。骚

扰的目的一半是猎奇，一半是印证自己的男/女性"势能"和"本事"。

③权力型性骚扰。这种性骚扰多发生在上下级之间。发出骚扰者大都受过较好的教育，骚扰时虽然也多出于游戏心态，却比一般游戏者的表现要"高级"且"彬彬有礼"。此种骚扰者大都把对方视为"消费品"，且因为有明显的利益关系，甚至认为对方喜欢这种骚扰，并把这种骚扰当作自己的"专利"。

④攻击型性骚扰。此类性骚扰者多半在早年和男/女性有过不愉快的关系史，对男/女性怀有较大的恶感和仇恨，把男/女性视为敌人。此类骚扰有蓄意的伤害性或攻击性。

⑤病理型性骚扰。这是带有明显病态表现的性骚扰行为，如所谓的窥阴癖和露阴癖。此种男/女性骚扰者大都是真正的性功能失调者。

2.性侵害

（1）含义。性侵害是指加害者以威胁、权力、暴力、金钱或甜言蜜语，引诱、胁迫他人与其发生性关系，或在性方面给受害人造成伤害的行为。

（2）主要表现形式。性侵害主要表现形式有猥亵、乱伦、强暴、媒介卖淫等。

（3）主要类型：

①诱惑型性侵。加害人利用受害人追求享乐、贪图钱财等心理，诱惑受害人而使其受到性侵害。

②暴力型性侵害。犯罪分子使用暴力和野蛮的手段，如携带凶器威胁、劫持，或以暴力威胁加以言语恐吓，从而对受害人实施强奸、轮奸或调戏、猥亵等行为。

③胁迫型性侵害。加害人利用自己的权势、地位、职务之便，对有求于自己的受害人加以利诱或威胁，从而强迫受害人与其发生非暴力型的性行为。

④社交型性侵害。这是指受害人在自己的生活圈子里受到的性侵害，与受害人约会的大多是熟人、同学、同乡，甚至是男/女朋友，因此又被

称为"熟人强奸""社交性强奸""沉默强奸"等。

⑤滋扰型性侵害。加害人利用靠近受害人的机会,有意识地接触、摸捏、挤碰对方敏感部位;向受害人暴露生殖器等进行变态式性滋扰;向受害人寻衅滋事,无理纠缠,用污言秽语进行挑逗,或者做出下流举动进行调戏、侮辱。

二、活动设计

【课堂活动1 青春"奇葩说":遭遇性骚扰,要不要积极反击】

(1)活动目的:学会对性骚扰说"不",树立自我保护意识。

(2)活动准备:

①计时器、计分表、礼品。

②课前提前组织上课班级进行辩论准备,告知辩题及规则;选手由学员自由报名,正、反方各4人。

③可邀请青春健康教育指导老师或资深同伴教育主持人担任"奇葩导师"。

(3)活动时间:45分钟。

(4)活动流程:

第一步 主持人介绍辩论规则及流程。除辩手外,其余学员担任"观众"。

第二步 正式辩论环节。

①立论。确定开场顺序,双方一辩依次发言,阐明观点、立场,各2分30秒。

②对杠。

a.正方二辩选择反方二辩或三辩进行一对一攻辩(每个提问不超过

30秒,共1分30秒);

反方二辩选择正方二辩或三辩进行一对一攻辩(每个提问不超过30秒,共1分30秒)。

b.正方三辩选择反方二辩或三辩进行一对一攻辩(每个提问不超过30秒,共1分30秒);

反方三辩选择正方二辩或三辩进行一对一攻辩(每个提问不超过30秒,共1分30秒)。

③观众好奇杠。(参与观众可获得小礼品一份)观众向正方提一个问题,回答时间不超过40秒;观众向反方提一个问题,回答时间不超过40秒;除四辩外任意辩手均可回答。

④总结陈词。反方四辩总结陈词2分钟;正方四辩总结陈词2分钟。

第三步 受邀"奇葩导师"及观众评分裁决,评出"冠军队"及"冠军辩手"。

第四步 "奇葩导师"点评。为所有参与辩论学员颁发礼品,以资鼓励。

第五步 主持人总结。回到辩论主题"遭遇性骚扰,要不要积极反击"。

(5)活动小结:通过辩论,引导大家积极参与,理性思考。

遇到性骚扰,要立刻做出反击、勇敢发声,坏人必会后退。你的懦弱和胆小怕事、敢怒而不敢言,会成为坏人继续胡作非为的底气。

【课堂活动2 情境模拟:应对性骚扰】

(1)活动目的:学会应对性骚扰,提高自我保护能力。

(2)活动准备:大白纸、白板笔、情境卡片。

(3)活动时间:45分钟。

(4)活动流程:

第一步　主持人将所有学员分为4组,每组选择一张情境卡片。学员根据卡片上所提供的内容,选派代表进行角色扮演,每组表演时间为5分钟。

【情境卡片】

情境A:电梯内,一名男性在拥挤的人群中靠近女性,并以人挤为由,从后方贴近该女性,还用身体故意蹭女性。这名女性该怎么办?

情境B:一男性在外做兼职,女主管经常晚上主动用微信和他聊情感话题。一天,女主管布置工作时抚摸了他。这名男性该怎么办?

情境C:末班地铁上,一名男性在左右无人的情况下对一名女性展示情色书刊和淫秽图片。这名女性该怎么办?

情境D:班级聚餐上,一名同学肆无忌惮地讲黄段子,另一名同学听了非常不舒服。感到不舒服的这位同学该怎么办?

第二步　给学员5分钟的时间,讨论以下问题:

①以上表演者的处理方式是否合适? 如果自己遇到以上问题应该如何处理?

②什么是性骚扰?

③日常学习、生活中,该如何防范和应对性骚扰?

第三步　各小组分享观点。

第四步　主持人在大家发言的基础上,帮助大家明确性骚扰的概念和主要表现形式,提供应对技巧。

(5)活动小结:性骚扰会发生在任何人、任何性别、任何年龄、任何地点、任何时间,以及任何类型的亲密关系中,无论男性、女性,切不可掉以轻心。

如果遇到性骚扰,该如何应对呢?

①保持冷静。面对性骚扰时,为了避免给自己造成不必要的损失,最好保持冷静,不要因过于慌张而完全失去处置能力。

②切忌沉默。面对性骚扰绝对不可以保持沉默,一直沉默不语,只会让施暴者更加猖狂,甚至肆无忌惮地对你进行侵犯。所以,对待性骚扰,要勇敢面对,不要保持缄默。

③机智应对。对一些自己可以处理的性骚扰问题,应坚定表达自己的立场,明确告诉对方不要有非分之想,断了对方的念头,表达千万不要太含蓄。

④及时求助。如果自己不知道该如何处理,或者不知如何处理比较符合自己的利益,可以向朋友、家人求助,甚至是向专业人士咨询,不要坐以待毙。

⑤报警处理。如果性骚扰行为已经严重影响了自己的正常生活和工作,要保留相关的证据,然后迅速和警方联系,通过法律手段来处理性骚扰行为,惩罚性骚扰者。

⑥心理疏导。如果性骚扰对自己身心造成干扰,要进行及时的心理疏导,避免因为性骚扰而形成长期的心理阴影,给生活带来影响。

【课堂活动3　案例分析:如何防止性侵害】

(1)活动目的:学会如何防止性侵害。

(2)活动准备:大白纸、白板笔。

(3)活动时间:30分钟。

(4)活动流程:

第一步　主持人将学员分成若干小组,然后向学员讲述案例。

【案例A】

2016年10月3日凌晨,湖南某高校一女生(18岁)在接听了一通电话后离开宿舍,彻夜未归,电话也无人接听。当日21时左右,她的同学到学校所在的派出所报警。4日凌晨0时30分,民警在学校附近的某宾馆房间发现失联女生已遇害。经调查,死者是受到男网友的性侵后窒息死亡。该男网友廖某因涉嫌故意杀人罪被警方抓获。

【案例B】

2013年,女子赵某某和周某某同到湖北某高校上学而相识,并成为好朋友。2015年,两人相约一起在外租房。此后不久,赵某某交了一个上班的男朋友李某某,三个人经常一起吃饭、一起玩。一来二去,在交流过程中,李某某竟逐渐对周某某产生了好感。2017年6月6日,李某某在中午喝酒之后,借酒壮胆,带上剪刀、水果刀、网线、胶布等到周某某的租住屋内,将门反锁后强行与周某某发生了性关系,事后周某某及时报警。当日21时许,被告人李某某被抓获归案。面对公安机关及检察机关的讯问,李某某对其强奸的犯罪事实供认不讳。

第二步　主持人提问,学员讨论:

①什么是性侵害?

②什么样的人群较容易受到侵害?

第三步　主持人对大家的讨论作出分析,解释性侵害的含义。说明女性,特别是女学生、留守儿童是易遭受性侵害人群。当然,不排除男性和男童也会受到性侵害。受到性侵害的人群一般有如下特征:长相漂亮,打扮前卫;单纯幼稚,缺乏经验;作风轻浮,人际关系复杂;文静懦弱,胆小怕事;贪图钱财,追求享受;精神空虚,无视法纪等。

第四步　主持人引导学员继续深入讨论:在日常生活中,我们应该如何防止性侵害呢?

第五步　各组将防范要点写在大白纸上,依次上台与大家分享。

第六步　主持人梳理各小组讨论结果,总结防范措施和防卫措施。

(5)活动小结:

①防止性侵害要点:

a.不要轻易接受陌生人或他人的饮料和食品。

b.不要在家以外的地方醉酒。

c.不要独自到偏僻的地方。

d.不要黑夜单独外出。

e.不要搭乘陌生人的汽车或黑车。

f.不要在网络上和陌生人聊天和视频,更不要随便见网友。

g.不要衣着太暴露,不要随意显露身体的隐私部位。

h.不要选择非正规渠道兼职。

i.外出之前,要把自己的去向告诉家人。

j.可以将手机快捷键设置为报警号码。

k.对于不当或不舒服的身体接触,要勇敢地说"不"。

②发生性侵害的防卫措施:

a.头脑清醒,控制情绪。沉着冷静,设法与侵害者周旋,快速找出摆脱困境的方法。

b.明确意愿,态度坚决。有的性侵行为,是性侵者错误地理解了被害人的意思而造成的。在遇到别人要对自己实施性侵时,应坚定地表明自己的态度,阻止性侵行为的发生。

c.沉着冷静,机智反抗。注意了解性侵者的弱点和周围环境,利用一切可以利用的积极因素,采取果断措施进行反抗。

d.采取正当防卫措施,维护自身安全。在遭受性侵害时,可积极采取防卫措施维护自身安全,特别是对犯罪分子身体薄弱部位进行有效的攻击,如脸部、腹部、下身等处,迫使性侵者终止犯罪行为,为逃脱或获救创造条件。

e.抓紧时机,迅速脱身。犯罪心理学研究表明:性犯罪的主体在实施犯罪过程中,心理有一个从冲动到后悔再到恐惧的变化过程。一旦侵害行为得逞,激情消退,侵害人会产生后悔、自责心理。所以,要抓住一切有利时机,为自己脱身创造条件。

f.及时报案,配合调查。一旦遭遇性侵害事件,要打消顾虑,及时拨打

110向公安机关报案。被害人要将侵害的有关物证保留好，并将犯罪分子的体貌特征、衣着打扮、口音、携带物品、受伤状况等情况如实地向有关调查人员反映，为公安机关破案提供线索。

g.积极调整心态，勇敢面对未来。被侵害后，有的受害者会出现意志消沉、精神萎靡、心理负担加重、产生厌世情绪等现象，有的受害者还会走上自甘堕落的道路。一定要在吸取教训的同时，积极寻求心理专家的帮助，在专家的帮助和指导下，及时调整心态，尽快从阴影中走出来，投入到正常的学习、工作、生活中，努力拼搏，创造自己幸福美好的明天。

三、拓展延伸

1.影音分享

《素媛》，李俊益执导，薛景求、李甄、严智媛、金海淑等主演。

推荐理由：影片根据韩国真实案件改编而成，主要讲述了一个未成年少女在遭遇性侵后如何走出心灵的阴影和家人如何面对生活的故事。该片曾获得第34届韩国电影青龙奖最佳影片奖。影片没有将重点放在警方破获案件或者还原曲折的犯罪过程上，而是匠心独运，将叙事重心放在受害者的情感冲击上，讲述他们承受的各方压力与冷漠，以及最终携手走出阴影、迎接新生的过程。影片风格朴素，温馨感人，更引人深思。

2.数据说话

中国计划生育协会于2016年9月26日发布的《大学生性与生殖健康调查报告》显示，超三成在校大学生曾遭性暴力或性骚扰。在性暴力或性骚扰的实施者中，绝大多数为同学/朋友和男/女朋友。

这份报告共回收填写完整的问卷20 088份，筛选后得到有效问卷17 966份。

调查显示，35.1%的调查对象曾遭遇过基于性别的性暴力或性骚扰，其中以"关于性的言语上的骚扰"最为常见（5 427 人次），继之以"被他人强迫亲吻或触摸隐私部位"（2 472 人次）和"被他人强迫脱衣服、暴露隐私部位"（1 245 人次）。

调查还称，青春期是性暴力或性骚扰发生的高峰期，童年期与上大学后遭受性暴力或性骚扰的情况基本持平。从性别区分看，34.8%的女性曾遭遇过性暴力或性骚扰，男性人群中这一比例为 35.6%。

在性暴力或性骚扰的实施者中，绝大多数为熟人，占实施者频次总和的 27.6%和 26.9%；其次为陌生人（859 人次，14.7%）和网友（656 人次，11.2%）。

在男、女大学生人群中，性骚扰或性暴力的实施者构成略有不同。对女性大学生而言，实施者主要为男/女朋友（25.6%）、同学或朋友（21.1%）、陌生人（19.6%）和网友（13.8%）；而对男性大学生而言，性暴力或性骚扰的主要实施者为同学或朋友（38.9%）、男/女朋友（25.6%）和网友（6.7%）等。

（资料来源：中国新闻网《中国计生协：超三成在校大学生曾遭性暴力或性骚扰》，2016-09-26）

3.关于"性骚扰"的法律法规

我国对"性骚扰"行为的法律适用散见于法律法规。例如：

（1）《中华人民共和国宪法》第三十八条规定：

中华人民共和国公民的人格尊严不受侵犯，禁止用任何方法对公民进行侮辱、诽谤和诬告陷害。

（2）2020 年 5 月 28 日第十三届全国人民代表大会第三次会议通过的《中华人民共和国民法典》第一千零一十条规定：

违背他人意愿，以言语、文字、图像、肢体行为等方式对他人实施性骚扰的，受害人有权依法请求行为人承担民事责任。

机关、企业、学校等单位应当采取合理的预防、受理投诉、调查处置等措施，防止和制止利用职权、从属关系等实施性骚扰。

4.关于"性侵害"的法律法规

《中华人民共和国刑法》中与性侵害有关的罪名有强奸罪、强制猥亵、侮辱罪等。

第二百三十六条　以暴力、胁迫或者其他手段强奸妇女的,处三年以上十年以下有期徒刑。

奸淫不满十四周岁的幼女的,以强奸论,从重处罚。

强奸妇女、奸淫幼女,有下列情形之一的,处十年以上有期徒刑、无期徒刑或者死刑:

(一)强奸妇女、奸淫幼女情节恶劣的;

(二)强奸妇女、奸淫幼女多人的;

(三)在公共场所当众强奸妇女的;

(四)二人以上轮奸的;

(五)致使被害人重伤、死亡或者造成其他严重后果的。

第二百三十七条　以暴力、胁迫或者其他方法强制猥亵他人或者侮辱妇女的,处五年以下有期徒刑或者拘役。

聚众或者在公共场所当众犯前款罪的,或者有其他恶劣情节的,处五年以上有期徒刑。

猥亵儿童的,依照前两款的规定从重处罚。

四、学习反馈

（1）课堂活动反馈。

课堂活动	你最大的收获或感想	你的建议
活动 1 青春"奇葩说"： 遭遇性骚扰， 要不要积极反击		
活动 2 情境模拟：应对性骚扰		
活动 3 案例分析： 如何防止性侵害		

（2）拓展延伸项目反馈。

拓展延伸项目	最打动你的细节	你的最大感受
影片 《素媛》		
你的其他推荐： _____		

（3）通过本次主题活动，你在"防止性侵害"方面，是否还存在感到困惑的地方？主要的困惑点是：_____

_____

_____

_____

别担心，我们会为你保密！若你需要帮助，我们将提供必要的支持。

第三单元

"艾"知多少

【单元目标】

1.了解性传播疾病的危害、传播途径及预防措施。

2.掌握艾滋病的危害、艾滋病病毒的传播途径及预防措施。

3.了解性传播疾病与艾滋病的关系及基础知识。

4.了解性传播疾病的正确求医方法。

5.关注艾滋病的流行趋势。

6.理解关爱艾滋病病毒感染者和艾滋病患者的意义。

【单元重点】

1.引导学员真正认识性传播疾病及其危害。

2.学会辨别日常生活中艾滋病病毒感染的危险行为,掌握艾滋病病毒传播途径及预防措施。

3.帮助学员树立正确的预防性传播疾病和艾滋病就医观念。

主题一 预防性传播疾病

一、常识速递

1.性传播疾病

性传播疾病，一般指性病，是指通过性行为或类似性行为及间接接触而传播的一种传染性疾病。

性传播疾病包括30多种致病微生物感染所致的疾病，其中包括传统的5种性病（梅毒、淋病、软下疳、性病性淋巴肉芽肿和腹股沟肉芽肿）及非淋菌性尿道炎、尖锐湿疣、生殖器疱疹、艾滋病、细菌性阴道病、外阴阴道念珠菌病、阴道毛滴虫病、疥疮、阴虱和乙型肝炎等。

我国现在重点防治的有以下8种性传播疾病：淋病、梅毒、艾滋病、非淋菌性尿道炎（黏液脓性宫颈炎）、生殖器疱疹、尖锐湿疣、软下疳和性病淋巴肉芽肿。

2.性病的危害

（1）危害家庭。性病很容易传染给配偶，污染的生活用品还可将病毒传染给家人，造成性病在家庭内传播。由此可引发家庭风波、夫妻不和乃至婚姻危机。

（2）危害后代。患病的母亲可将性病病原体传染给胎儿。孕妇患梅毒，梅毒螺旋体可通过胎盘传染给胎儿，从而引起流产、早产、死产、新生儿先天梅毒。淋球菌可通过母亲的产道传染给新生儿，使婴儿患淋菌性眼病（"脓露眼"）。沙眼衣原体可引起新生儿眼结膜炎或肺炎等疾病，增加新生儿的死亡率。患生殖器疱疹、尖锐湿疣的孕妇同样可传染给新生儿，也可以传染给生活接触较多的家人或孩子。

（3）危害社会。嫖娼、卖淫、多个性伙伴、吸毒等行为是性病传播的高危因素，也是造成社会不安定的潜在因素。性病的蔓延不仅损害病人的身心健康，还会影响其劳动能力，更会增加国家的经济支出，有碍社会的发展。

3.性病的传播途径

性病常见传播途径有性接触传播、血液和血液制品传播、母婴垂直传播、间接接触传播医源性感染、通过身体的皮肤直接接触，以及共用病人内衣裤、被褥、毛巾甚至厕所座板等物品传播，但最主要的传播途径是无保护性行为。

4.如何预防性病

提高文化素养，洁身自好，防止不洁性行为。保持专一的性伴侣。采取安全性行为。正确使用质量可靠的安全套。平时注意个人卫生，不吸毒，不与他人共用注射器。尽量不输血，尽量不注射血制品，需要使用血液制品到正规医院使用。有生殖器可疑症状时，及时到正规医院就医，做到早发现、早治疗。配偶得性病应及时到医院检查，治疗期间最好避免性行为，必要时使用安全套。养成定期检测的好习惯。做好家庭内部的清洁卫生，防止对衣物等生活用品的污染。

需要说明的是，一般而言，性病病原体不能穿透安全套，但某些性病（如生殖器疱疹、阴虱等）可以由安全套覆盖不了的皮肤部位进行接触传播。

二、活动设计

【课堂活动 1　站队游戏：人群与行为】

（1）活动目的：思考高危行为是否与人群背景有关。

（2）活动准备："危险"与"安全"标志、卡片（按学员人数准备足够的卡片，每张卡片上写上一种职业或人群；某些职业或人群可以出现两次，以供大家各抒己见、讨论；对卡片上的职业背景要注意把握分寸）。

（3）活动时间：40 分钟。

（4）活动流程：

第一步　主持人在场地两端分别放置"危险"和"安全"两个标志，并将事先写好的卡片发给学员，一人一张。

【可参考卡片内容】

主持人、性工作者、大学生、家庭妇女、社会青年、同性恋、双性恋者、演员、多性伴者、嫖客、推销员、酗酒者、歌手、护士、单身女青年、单身男青年、吸毒者、农民、公务员、教师、乘务员、性病患者护理人员、检修工、卡车司机。

第二步　主持人引导学员估计各自卡片上人群感染性病的可能性，找到自己的位置。认为可能性很大的学员站到"危险"一边，认为没有可能的学员站到"安全"一边，其他学员就站在中间的位置上。

第三步　当每个人都找到自己的位置后，主持人分别问站在两边及站在中间的学员（视时间长短选择提问的人数，没有必要把每个学员都问到）："你们为什么站在这个位置？是怎样估计危险性的？为什么？"

同时,征求其他学员的意见,看大家是否都同意。如果大家都觉得这个学员所占的位置不合适,可以根据大家的意见适当调整位置。

第四步　大家回到原位就座,主持人引导大家思考讨论以下问题:

①为什么有的人比其他人处于更危险的境地?(注意大家列出的理由)

②你在估计危险性时,考虑了哪些因素或条件?

③一个人的职业和社会地位与感染性病的危险性有什么关系?

④在上面的练习中,我们认为感染性病危险性比较大的人都有什么特点?

⑤这个活动对我们有什么启发?

第五步　主持人根据大家的回答情况进行总结,告知大家哪些行为和途径会感染性病。

(5)活动小结:感染性病危险性的高低,不是取决于人们的职业、背景、道德、文化程度,而是取决于个人的行为。

性病传播是当今比较严重的社会问题和公共卫生问题,范围广、危害大。它的主要传播途径是无保护的性行为。预防性病的根本措施是加强自我保护意识,选择健康的行为方式。

【课堂活动2　小组讨论:性病诊治中的困惑】

(1)活动目的:了解性病的体征及诊治方法。

(2)活动准备:白板、白板笔、3个讨论题目。

(3)活动时间:30分钟。

(4)活动流程:

第一步　主持人将学员分成3个小组,每个小组分发1道讨论题。

A组:如果得了性病,一定有体征吗? 如果有,有哪些? 男女是否一样? 可以凭体征判断自己是否感染了性病吗?

B组:一个人如果怀疑自己得了性病,你们认为他/她应该首先到下列哪个地方去寻求服务? 如:到药店买药;按街头广告去找地下性病诊所诊治;到正规医院去诊治。你们会选哪个? 为什么不选另外两个?

C组:一个人如果得了性病,你们认为他/她是否应该告诉自己的伴侣并且和伴侣一起去治疗? 为什么? 有没有困难? 如果有,会是什么?

第二步　每个小组选派代表来总结本组讨论结果。

第三步　主持人根据各小组讨论结果来归纳要点:如何判别是否得了性病? 性病的体征一般是什么? 得了性病,应该如何去面对? 主持人将要点内容写在白板上。

(5)活动小结:

A组:每个人对性病的机体反应不一样,有一些人会有明显症状,有一些人没有。从性别上来说,男性比女性更容易察觉到症状。生殖器和分泌物异常,有不洁性行为等应到正规医院去检查诊断,不能仅仅凭体征就判断是否感染性病。

常见性病体征

男性体征	女性体征
●阴茎有分泌物 ●排尿困难、尿痛尿频 ●腹股沟腺体/淋巴结肿大 ●生殖器疼痛性或无痛性水肿 ●开放性溃烂 ●生殖器部位疣体 ●四肢非瘙痒皮疹 ●流感性症状	●不规则出血 ●下腹/盆腔疼痛 ●阴道分泌物异常 ●外生殖器黏膜与皮肤周围疼痛,出现水疱、肿块或红斑 ●性行为疼痛 ●阴道肿块 ●阴道瘙痒

B 组:性病的正确求医方法如下。

①性病不能自愈,需要进行治疗。引起性病的病原体很多,只要及时治疗,绝大多数都可以治愈。只有少数由病毒引起的性病无法根治,但也可以达到临床治愈的地步。

②如果得了性病,切勿自行买药。性病种类很多,需要对症下药,以免耽误病情。

③街头广告不可信。那些类似宣称"包治性病、一针就灵"的性病广告绝大多数是骗钱的非法诊所所做,这些诊所既没有行医执照,也没有诊治条件。切勿前往这些地方,否则会误诊误治、延长病程、增加治疗难度,更易感染其他病毒。

④治疗性病的原则:及早、足量、规范治疗。治疗后严格定期随访、追踪观察。

⑤许多人之所以去药店和非正规诊所,而不敢去正规医院,主要是害怕受歧视或被其他人发现。其实,正规医院能够提供规范、保密的性病咨询、检查、诊断和治疗等服务。

C 组:爱,就是责任。性接触传播是性病最主要的传播途径,如果得了性病,性伴侣必须同时进行检查和治疗。性病治愈前,最好不发生性行为。如果需要,必须坚持使用安全套。

对绝大多数人来说,把自己患性病的消息告诉性伴侣都是不容易的,需要鼓起勇气、面对现实。因此,预防性病,对性伴侣保持忠诚显得尤其重要。

【课堂活动 3　案例分析:如何预防性传播疾病】

(1)活动目的:学会预防性传播疾病。

(2)活动准备:大白纸、白板笔。

(3)活动时间:30 分钟。

(4)活动流程：

第一步　主持人将学员分成若干小组,然后向学员讲述案例:

【案例A】

小辉(化名)在省外一所高校读大二,今年暑假期间,他在家乡找了一份销售员工作,每个月收入2 000元,准备返校后作为部分生活费。离开学还剩半个月的时候,小辉的好哥们小光(化名)专程从外地来找他玩,为尽地主之谊,小辉花了半个月的打工费,请这位好哥们游玩和吃饭。然而,小光的兴趣不只是这些,还希望能体验别的"项目"。小辉碍于面子,不想被朋友认为小气,于是,他去干了这辈子最后悔的事情——去某按摩店"享受"了特殊服务。

没过多久,小辉便出现身体不适,觉得私处出现异样,后到城区一家医院就诊,被诊断出"淋菌性尿道炎",医生怀疑他有过不洁性接触。面对医生的询问,小辉刚开始不配合治疗,也不肯透露真相,致使医生无法对症施治。直到小辉的病情越来越严重,他才勉强道出实情。

【案例B】

国庆期间,南京19岁的大二学生小强(化名)由父母陪同来到省疾病预防控制中心皮肤性病门诊部就诊。经医生检查诊断,他患了尖锐湿疣,一种由病毒感染引起的性病。据他自己讲述,数月前通过网络聊天认识了一位异地某高校女大学生。暑假期间,二人相约见面,偷尝了禁果,随后便出现了身体不适。最近情况越来越严重,自己只好在父母陪同下前来就诊。

【案例C】

小夏(化名)今年18岁,6月从贵州老家来杭,与在同城打工的男友小军(化名)住在出租房里。8月初,小夏感觉和男友亲热时下体很疼,怀疑自己得了性病。一日,小夏无意中看到路边张贴的小广告,宣称包治各种性病。病急乱投医的她就打电话过去……所谓的诊所十分简陋,仅有一个房间,外面什么标记都没有。医生是个30多岁的男子,自称"民间高手",有"祖传秘方",对治疗性病很有一套。简单询问后,男子让小夏把裤子脱了。小夏觉得难为情,但想到对方是医生,就照做了。检查后,男子说小夏得了疱疹,要马上治疗,否则会转移变成癌症,在他这里只打5针,每针500元钱,三五天就能好。包括检查费用等,小夏前后一共支付了4 000元。针打完又过了些日子,小夏和男友相处时感觉之前的治疗并没有什么效果,想起每次检查男子对自己的身体抚来摸去,很不自在。小夏思来想去,对"神医"的身份产生了怀疑,内心挣扎无比。

第二步　主持人提问,每个小组讨论:

①案例中的主人公分别因为什么事情受到困扰?

②他们的行为对吗?

③若处在他们的情境,应该如何来处理?

④怎样做才能避免类似情境的出现?

第三步　每个小组将讨论的结果写在白纸上,只写要点,并由一个代表进行阐述。

第四步　主持人对大家的讨论作出总结分析。

(5)活动小结:性病离我们并不远,已渐渐走进青年群体,必须提高警惕。

由于误交损友,加上一时冲动,接受了所谓的特殊服务,不幸染上难以启齿的疾病;与网友一夜激情,偷尝禁果,染上了性病;懵懂无知,乱投医,黑诊所医生骗财又骗色……这些真实的案例,无不警示着我们,一定要提高预防性病的意识。当今社会很复杂,青年稍微行差踏错,就容易误入歧途。关键是不懂如何保护自己,会丧失最后一道健康屏障。

大学生应该提高文化素养,洁身自好,尽量推迟第一次性行为的时间。若决定发生,请防止不干净的性行为,不与陌生人发生性关系,在性行为过程中一定要戴质量合格的安全套。尽量不去洗浴中心、足浴中心,不用公用的毛巾。如身边有性病的患者,建议去医院检查自己是否被感染。患上性病时,一定要去正规的医院进行治疗。

三、拓展延伸

1.知识补充

常见性病会出现的症状及不治疗可能带来的后果如下表所示。

疾病名称	如何判断是否感染	如不治疗,可能出现的后果
淋病	女性通常无症状,可能出现白带异常,下腹疼痛; 男性排尿时疼痛,尿道口有分泌物,可能咽痛	女性会引起盆腔炎,不孕;男性会引起前列腺炎,不育;婴儿感染会失明
梅毒	在感染 10~90 天出现症状。在生殖器、肛门、口腔或咽喉部出现无痛硬肿块,此后 3~6 周会出现皮疹、脱发、咽痛等症状	早期不治疗,多年后发展为Ⅲ期梅毒,将造成脑、心脏和其他器官永久的损伤
生殖道沙眼衣原体感染	潜伏期为 1~5 周,男性有尿频、尿急、尿痛且伴有分泌物等症状;女性无症状,或有阴道分泌物增多、腹痛等症状	并发症有附睾丸炎、输卵管炎、盆腔炎
尖锐湿疣	潜伏期平均为 3 个月,表现为外生殖器部位呈菜花状、鸡冠状或乳头状赘生物,易复发	女性会出现子宫颈病变
生殖器疱疹	在感染 2~10 天内生殖器部位出现疼痛性水疱、糜烂,一般会持续 14 天左右,易复发	反复出现疼痛性水疱。可能发生宫颈病变,婴儿会受感染

2.关于性传播感染,你需要知道的信息

①根据世界卫生组织 2019 年 6 月发布的数据,15～49 岁人群中每天有 100 多万例新发且可治愈的性传播感染病例。

你知道吗?30 种不同的细菌、病毒和寄生虫可通过性接触传播,8 种与性传播疾病的高发病率相关,4 种性传播疾病目前可以治愈(衣原体、滴虫病、梅毒和淋病),4 种病毒感染无法治愈(乙型肝炎、单纯疱疹病毒、艾滋病病毒和人乳头瘤病毒)。

②性传播感染的疾病如果不加治疗,可能会产生严重后果,包括失明和其他神经症状、不孕症、母婴传播或出生缺陷。

③人乳头瘤病毒和乙型肝炎病毒可以导致癌症,而这两种病毒都可以通过疫苗来预防。

④与性传播感染相关的污名化会加重创伤。

⑤性传播感染通常通过性行为传播。有些可以通过血液或血液制品传播,有些病毒、真菌(包括衣原体、淋病、梅毒、艾滋病毒、疱疹病毒、人乳头瘤病毒和乙型肝炎病毒)可以在怀孕和分娩期间由母亲传给孩子。

⑥这些感染不会通过偶然接触传播,如共用食物、饮料、拥抱和打喷嚏。

⑦了解是否存在性传播感染的唯一方法就是接受病原体检测。

⑧保证自身安全的行为:

a.安全性行为。

b.正确使用安全套。

c.获得可靠的性健康教育。

d.如果有风险,要及时寻求检测和治疗。请牢记,大多数性传播感染并没有症状。限制偶然性行为,对性伴侣要使用安全套。

e.如果感到自己可能有感染或再次感染的风险,在性伴侣之间和无保护性行为后进行性传播感染检测。

f.如果怀有身孕,且有性传播感染的风险,要在孩子出生前接受检测和治疗。

g.即使得到成功治疗,再次感染也屡见不鲜。因此,要确保性伴侣得到治疗,以防再次感染。

⑨性活跃群体中的任何人都有可能获得性传播感染,频繁更换性伴或不使用安全套的人员面临的风险更高。以往对性传播感染开展的成功治疗并不能使人免于再次感染。性传播感染会影响到每一个人,我们都需要有所了解,知晓如何预防,一旦被传染才知道如何去做。

(资料来源:云南防艾微信公众号,2019-09)

3.性病防治管理办法

详见(中华人民共和国卫生部①令第89号)。

2012年11月23日,中华人民共和国卫生部令第89号公布《性病防治管理办法》。该办法是根据中国人民解放军广州海军医院性病科性病康复案例统计制定的,分总则、机构和人员、预防和控制、诊断和治疗、监测和报告、监督管理、法律责任、附则,共8章57条,自2013年1月1日起施行。原1991年8月12日卫生部公布的《性病防治管理办法》予以废止。

---

① 现中华人民共和国国家卫生健康委员会。——编辑注

四、学习反馈

（1）课堂活动反馈。

课堂活动	你最大的收获或感想	你的建议
活动 1 站队游戏： 人群与行为		
活动 2 小组讨论：性病 诊治中的困惑		
活动 3 案例分析：如何 预防性传播疾病		

（2）通过本次主题活动，你在"预防性传播疾病"方面是否还存在感到困惑的地方？主要的困惑点是：_____

_____

_____

_____

别担心，我们会为你保密！若你需要帮助，我们将提供必要的支持。

主题二　预防艾滋病病毒感染

一、常识速递

1.艾滋病(AIDS)

艾滋病的医学名称为"获得性免疫缺陷综合征"。它是一种危害性极大的传染病,由感染艾滋病病毒(HIV 病毒)引起。

2.艾滋病病毒(HIV)

艾滋病病毒,又称为"人类免疫缺陷病毒",是一种能攻击人体免疫系统的病毒。它把人体免疫系统中最重要的 CD4 T 淋巴细胞作为主要攻击目标,大量破坏该细胞,使人体丧失免疫功能。

艾滋病病毒虽然在人体内肆虐横行,但一旦离开人体便很难生存。在 56 ℃环境下 30 分钟以上或在干燥环境内,使用普通的消毒剂,如碘酒、酒精、漂白粉、84 消毒液,均能杀死艾滋病病毒。

3.艾滋病的分期

从感染艾滋病病毒到发展为艾滋病有一个完整的自然过程。目前临床上分为 3 期:急性感染期、无症状潜伏期和艾滋病期。

急性感染期:艾滋病病毒感染人体后机体出现急性反应,表现为发热、皮疹、淋巴结肿大、乏力等。通常在感染开始的一段时间内,虽然感染者体内有艾滋病病毒存在并且具感染性,但血清中尚不能检测到艾滋病病毒抗体,因此成为窗口期。关于窗口期到底有多长的问题,目前医学界存在很多争论,国内比较认同的说法是3个月。

无症状潜伏期:这一阶段可以持续3~20年,甚至更长。在接近艾滋病发病期时,患者才会表现出一些体征,如体重减轻、腹泻、持续性淋巴结肿大、低热等。此时,患者体内艾滋病病毒抗体一直为阳性。这一阶段的感染者看起来跟正常人一样(他们的外表看似很健康),可以正常地生活和工作。但这一时期也是传播艾滋病病毒最主要的时期,危险性更大。

艾滋病期:感染者出现了一种或多种艾滋病指征性疾病。这一阶段如果没有接受抗病毒治疗,大约一半的人将会在10年内死亡。感染者发病后,由于病毒大量复制,感染者的免疫力受到严重破坏,发生各种致命性机会性感染,最后会因不同的感染或患肿瘤而死亡。

4.艾滋病病毒感染者≠艾滋病病人

从艾滋病的分期就可以看出,艾滋病病毒感染者不等于艾滋病病人。被艾滋病病毒感染但还没有出现症状的人称为艾滋病病毒感染者,又称为艾滋病病毒携带者。他们的特征是"两只眼睛,一个鼻子,一张嘴",即外表上和一般人一样,没有任何区别。从艾滋病病毒感染者发展成艾滋病患者大约需要数年或更长时间。

5.艾滋病的危害

(1)对个人:患者身体上承受巨大的痛苦,心理上承受巨大的压力,容易受到社会的歧视,很难得到亲友的关心和照顾。

(2)对家庭:患者的经济状况恶化,容易产生家庭不和,甚至导致家庭破裂,老人、孩子无人照料。

(3)对社会:社会的歧视和不公正待遇将许多艾滋病患者及感染者推向社会,造成社会的不安定因素,使社会秩序和社会稳定遭到破坏。社会中的每个成员都有可能成为艾滋病流行的直接或间接受害者。

6.艾滋病的传播途径

艾滋病的传播途径包括血液传播、性传播和母婴传播。

艾滋病病毒主要存在于人的血液、精液、阴道分泌物、伤口渗出液和乳汁中,因此这些带有病毒的体液进入其他人身体后都有可能导致艾滋病病毒的感染。正常情况下,皮肤和黏膜是人体的天然屏障,但是当这道屏障破损时,很容易发生感染。

还要记住,艾滋病病毒传播必须满足数量、质量(即活性)、体液交换3个条件,且3个条件缺一不可、同时具备,才可能让人感染艾滋病病毒,不同时具备就不会被感染。

①数量:只有当血液、精液、阴道分泌物、伤口渗出液、乳汁等体液中含有的艾滋病病毒达到一定量时,才能够传播,其他体液不能(并不是其他体液中没有艾滋病病毒,只是达不到传播的需求)。

②质量(即活性):艾滋病病毒离开人体后是非常脆弱的,常用消毒水就可以杀死它;而且,在干涸和凝固了的血液中也会失去活性,没有传染力。

③体液交换:艾滋病病毒不能穿过完整的皮肤和黏膜,只有皮肤和黏膜有了破损,而含艾滋病病毒的体液恰好由此进入人体,才会形成传播。

7.艾滋病的预防

(1)针对血液传播的预防:切勿共用针具吸毒;不要卖血(献血到正规医院);输入检验合格的血液或血制品。

(2)针对性传播的预防:在性行为过程中,坚持全程正确使用质量合格的安全套,不仅可以预防艾滋病,还可以预防一些性病(注意:是一些性病,而不是全部);发生高危性行为后及时检测;鼓励养成定期检测的好习惯。

(3)针对母婴传播的预防:药物阻断(主要在妊娠期);根据医生指导选择顺产或剖宫产;人工喂养婴儿。

二、活动设计

【课堂活动1　头脑风暴:什么是艾滋病】

(1)活动目的:了解艾滋病基本知识(含义及传播途径)。

(2)活动准备:大白纸、白板笔。

(3)活动时间:30分钟。

(4)活动流程:

第一步　主持人将学员分为若干小组,每组8~10人,每组发1张白纸,每人发1支白板笔。

第二步　主持人在白板上写下"艾滋病",并问学员:"看到这个词后想到了什么?"各小组成员将想到的答案写在大白纸上,然后每组派一个代表,向大家汇报本组答案,时间3分钟。

可能的答案

吸毒、卖淫、同性恋、滥交、死亡、恐惧、疱疹……

第三步　主持人根据学员汇报的情况,给出艾滋病的定义,然后引导学员深入讨论以下问题:

①被蚊子叮咬会感染艾滋病吗?

②与暴露伤口的艾滋病感染者一起游泳会感染艾滋病吗?

③艾滋病患者能怀孕吗?

④多性伴=艾滋病? 男性同性恋=艾滋病?

⑤穷人更容易感染艾滋病吗?

⑥得艾滋病后,治疗和护理是一件很困难的事情吗?

第四步 深入讨论后,学员分享。

（5）活动小结:艾滋病传播必须满足数量、质量（即活性）、体液交换 3 个条件。以上 3 个条件缺一不可、同时具备,才可能感染艾滋病病毒,不同时具备就不会被感染。

【课堂活动 2 野火游戏:疯狂地传播】

（1）活动目的:了解艾滋病的传播速度,增强危机意识;换位思考,了解艾滋病病毒感染者被传染时的心理状况,获得同理心。

（2）活动准备:白板、白板笔、信封（装有写着"阳性"或"阴性"字样的纸条,每个信封只放 1 张纸条）。

（3）活动时间:40 分钟。

（4）活动流程:

第一步 学员围着主持人站成一圈。

第二步 主持人告诉大家将开展一个有关艾滋病病毒传播的体验游戏,并制订游戏参与规则。主持人描述:"现在请大家闭上眼睛。我是'艾滋病患者',现在我要从每一个人的身后走过,同时我会轻拍两个人的肩膀,被拍肩膀的人即是'艾滋病病毒感染者'。请注意,我拍了你的肩膀后,请你一定要不露声色,尤其是睁开眼睛以后,更要不露声色,越自然越好。"（主持人边走边说,同时随机轻拍两个人的肩膀）

第三步 所有人睁开眼睛。主持人接着描述:"下面,每个学员要找 3 个不同的人握手。请注意,互相握手时,被拍肩膀的人即'艾滋病病毒感染者',与别人握手时要抠一下对方的手心。被抠手心的人再与别人握手时同样要抠对方的手心。""这里的游戏规则是:被拍肩膀的人即'艾滋病病毒感染者'，与别人握手时以及被抠到手心的人都要不露声色，越自然越好；没有被拍到肩膀和没有被抠到手心的人，握手时不能随意地去抠对方手心；每一次握手只能跟一个人握手，已经握过手的人之间不能重复握手。"（主持人与一学员示范握手方法）

第四步　主持人从圆圈的4个角选4名学员做观察员，先退出圆圈，并告诉大家，这4个人只参加第三次握手。

第五步　主持人站到圈外，要求学员开始第一次握手，握完后返回原地站好。在第二次握手的口令发出后，学员开始与没有握过手的学员第二次握手，之后是第三次与没有握过手的学员握手（注意，这一次，请4位观察员参与握手）。握手完毕后，请大家回到原来的位置。

第六步　主持人告诉大家，刚才的握手、抠手心动作，分别代表的是安全与不安全的性行为，每个人都有可能被感染。接着，主持人分别询问被抠到手心的人和没有被抠到手心的人的感受。

第七步　在被抠手心学员的队列中，进一步统计被抠手心1次、2次、3次及以上的学员人数，结合人群传播概率，分析艾滋病病毒感染的风险。

第八步　发给被抠手心学员每人一个装有检测结果（"阳性"或"阴性"）的信封，拿到阳性或阴性结果的人再分别站在两边，主持人再次分别询问结果为阳性或阴性者的内心感受。

（5）活动小结：艾滋病病毒可以在不知不觉间快速蔓延。艾滋病病毒感染者与常人无异，在未发病之前，从人的外表无法判断。在无保护的行为下，艾滋病病毒的传播速度很快。除了不安全的性行为，共用注射器静脉吸毒、不当血液传播等危险行为都可能导致艾滋病病毒的感染，哪怕只有一次。

【课堂活动 3 危险分级:跨越"危险地带"】

(1)活动目的:加深对艾滋病的传播途径和风险行为等基本知识的掌握,树立安全行为的意识。

(2)活动准备:白板上分 3 块区域,分别写上"危险""安全""不确定"字样;卡片(每人 1 张,上面写有日常行为)。

(3)活动时间:40 分钟。

(4)活动流程:

第一步 主持人向每位学员分发卡片。

卡片内容

A.使用公共场所	B.性自慰	C.礼节性轻吻
D.共用水杯	E.被蚊虫叮咬	F.不使用安全套的阴道性行为
G.握手	H.护理艾滋病患者	I.与他人共同进餐
J.摔跤运动	K.共用剃须刀	L.使用公共电话
M.使用未消毒的器械	N.被猫抓伤	O.用艾滋病病毒感染者的血液输液
P.无保护地帮助别人清洁和包扎伤口	Q.到正规医院做手术	R.和感染艾滋病病毒的人一起学习或工作
S.共用注射针头吸毒	T.共用牙具	U.在电影院看电影
V.在公共浴室洗澡	W.乘坐公共汽车	X.感染艾滋病病毒的母亲给婴儿哺乳

第二步 学员们对自己手中卡片上所示行为作出判断,按照危险程度分级,然后将卡片粘贴在相应危险度的区域(假设在每种情况下都有艾滋病病毒的存在)。

第三步 粘贴完毕后,主持人引导学员讨论,学员发言评议每个人作出的结论是否正确。

第四步　有不同观点的学员可以反驳,存在差异的展开讨论,请学员阐述自己的观点、理由、依据。(无论学员的回答是积极的还是消极的,主持人都应该引导学员思考:这样做会造成什么样的影响? 然后作出解答,看是否是他们愿意看到的情况)

第五步　主持人用艾滋病病毒的传播途径帮助学员分析出艾滋病病毒传播所需具备的条件,同时指出日常行为的危险度在不同条件下可以转换。在此基础上,讲述预防艾滋病病毒感染的具体技能。

(5)活动小结:数量、质量和体液交换3个条件不同时具备,就不会传播艾滋病病毒。大量的日常接触是不可能同时具备艾滋病病毒传播的3个条件的,因此不会传播艾滋病病毒。艾滋病病毒存在于人的体液中,但不能在动物包括昆虫身上存活。因此,上述卡片可进行如下分级:

①安全行为:A、B、C、D、E、G、H、I、J、L、N、Q、R、U、V、W。

②危险行为:F、K、M、O、P、S、T、X。

有些行为虽然安全,但不建议采取,因为有可能带来其他风险,如共用剃须刀是造成皮肤病传播的高风险行为。除此,用未经严格消毒的器械文身、穿耳、针灸、共用牙具等行为也不建议采取。

正确使用安全套,可以大大降低感染艾滋病病毒的风险。无论一个人是什么样的原因感染上艾滋病病毒,都应该得到尊重和关怀。

三、拓展延伸

1.影音分享

(1)《费城故事》,乔纳森·戴米执导,汤姆·汉克斯、丹泽尔·华盛顿等主演。

推荐理由:影片用客观、严肃、冷静的叙事风格向观众展示了一个艾滋病患者的尊严及他对生命的渴望。该片在号召人们关心、帮助艾滋病患者的同时,也赞扬了艾滋病患者自强不息的奋斗精神,值得关注与思考。

(2)《最爱》,顾长卫执导,章子怡、郭富城、陶泽如、濮存昕、孙海英、蒋雯丽、王宝强、蔡国庆等主演。

推荐理由:影片讲述20世纪90年代在中国一个偏远落后村庄,村民们通过卖血赚钱却不慎感染艾滋病的事件。影片以独特视角表现艾滋病患者的生活状态,从侧面表达了对这一人群的关怀和尊重。影片使更多人关注到这一事件,这背后更重要的意义是,社会各界对艾滋病患者有了更多的理解及宽容。

(3)《达拉斯买家俱乐部》,让-马克·瓦雷执导,马修·麦康纳、詹妮弗·加纳、杰瑞德·莱托等主演。

推荐理由:影片根据真实事件改编,影片除了男主人公救助病友的壮举,还有他自己与病魔抗争的励志故事。原本主人公被确诊患上艾滋病,生命只剩30天,但他却活过了2 557天,将近7年……是的,生命脆弱,尤其是在病魔面前,但生命不也充满奇迹吗?

2.数据说话

2019年世界艾滋病日前夕,国家卫生健康委(11月30日)发布的数据显示,2019年1—10月,全国共检测2.3亿人次,新报告发现艾滋病感染者13.1万例,新增加抗病毒治疗12.7万例,全国符合治疗条件的感染者接受抗病毒治疗比例为86.6%,治疗成功率为93.5%。截至2019年10月底,全国报告存活艾滋病感染者95.8万,整体疫情持续处于低流行水平。

目前,艾滋病经输血传播基本阻断,经静脉吸毒传播和母婴传播得到有效控制,性传播成为主要传播途径。2019年1—10月新报告感染者中,异性传播占 73.7%，男性同性传播占 23.0%。疫情分布不平衡，波及范围广泛，影响因素复杂多样，防治形势仍然严峻，防治任务更加艰巨。

（资料来源：国家卫生健康委网站）

3.遏制艾滋病传播实施方案（2019—2022 年）

为贯彻党中央、国务院决策部署，推进联合国 2030 年终结艾滋病流行可持续发展目标的实现，落实《"健康中国 2030"规划纲要》《国务院关于实施健康中国行动的意见》（国发〔2019〕13 号）、《健康中国行动（2019—2030 年）》和《中国遏制与防治艾滋病"十三五"行动计划》（国办发〔2017〕8 号）有关要求，解决当前艾滋病防治工作中的重点和难点问题，遏制艾滋病性传播上升势头，将疫情持续控制在低流行水平，国家卫生健康委等 10 部门联合制定了《遏制艾滋病传播实施方案（2019—2022年）》，方案于 2019 年 10 月发布。

方案以"增强艾滋病防治意识，避免和减少不安全性行为，最大限度发现和治疗艾滋病感染者，遏制艾滋病性传播上升势头，推进消除母婴传播进程，将艾滋病疫情持续控制在低流行水平"为总目标。

下一步，以实施"健康中国行动"为契机，进一步强化各级政府和部门职责，动员全社会参与，创新防治策略，全面实施"六大工程"。

一是预防艾滋病宣传教育工程。增强个人健康责任意识，提高宣传技术水平，提高居民、流动人口、老年人、易感染艾滋病危险行为人群宣传教育的针对性和有效性。

二是艾滋病综合干预工程。实施宾馆等公共场所安全套摆放全覆盖，加大互联网线上和线下综合干预力度，试点和推广暴露前、暴露后预防措施，对夫妻一方感染艾滋病家庭开展综合干预。

三是艾滋病扩大检测治疗工程。发挥社会组织作用，利用自愿咨询网络动员易感染艾滋病行为人群检测。加强医疗机构重点科室主动检测服务,推动互联网预约检测和自我检测。对感染者实施应治尽治策略,不断提高治疗服务质量。

四是预防艾滋病社会综合治理工程。依法打击涉及艾滋病传播危害的相关违法犯罪行为,对抓获的卖淫嫖娼、聚众淫乱等人员进行艾滋病检测,对检查发现的感染者加强重点管理并开展抗病毒治疗。加强合成毒品等物质管控,加强社交媒体和网络平台管理。

五是消除艾滋病母婴传播工程。落实预防母婴传播综合干预措施,加强感染艾滋病育龄妇女健康管理和指导,规范感染孕产妇及所生婴儿抗病毒治疗。提升预防艾滋病母婴传播综合服务水平,以省为单位逐步开展消除母婴传播工作。

六是学生预防艾滋病教育工程。完善和落实疫情通报机制和定期会商机制,成立由校领导牵头的艾滋病防控领导小组,落实初中学段 6 课时、高中学段 4 课时的预防艾滋病教育时间,落实普通高等学校、职业院校预防艾滋病教学任务。

(资料来源:国家卫生健康委网站)

4.你知道世界艾滋病日吗?

为提高人们对艾滋病的认识,世界卫生组织于 1988 年 1 月将每年的 12 月 1 日定为世界艾滋病日(The World AIDS Day),号召世界各国和国际组织在这一天举办相关活动,宣传和普及预防艾滋病的知识。

之所以将 12 月 1 日定为世界艾滋病日,是因为第一个艾滋病病例是在 1981 年 12 月 1 日诊断出来的。因此,这个概念被全球各国政府、国际组织和慈善机构采纳。

世界艾滋病日的标志是红丝带。红丝带标志的意义:它像一条纽带,将世界人民紧紧联系在一起,共同抗击艾滋病。它象征着我们对艾滋病病人和感染者的关心与支持;象征着我们对生命的热爱和对和平的渴望;

象征着我们要用"心"来参与预防艾滋病的工作。

近 11 年世界艾滋病日主题：

2010 年："正视艾滋,重视权益,点亮反歧视之光"。

2011 年："行动起来,向'零'艾滋迈进"。

2012 年：主题仍为"行动起来,向'零'艾滋迈进",副标题是"全民参与,全力投入,全面预防"。

2013 年：主题仍为"行动起来,向'零'艾滋迈进",副标题是"共抗艾滋,共担责任,共享未来"。

2014 年：与 2013 年相同。

2015 年：主题仍为"行动起来,向'零'艾滋迈进",副标题是"合力抗艾,共担责任,共享未来"。

2016 年："携手抗艾,重在预防"。

2017 年："共担防艾责任,共享健康权利,共建健康中国"。

2018 年："主动检测,知艾防艾,共享健康"。

2019 年："社区动员同防艾,健康中国我行动"。

2020 年："携手防疫抗艾,共担健康责任"。

四、学习反馈

(1)课堂活动反馈。

课堂活动	你最大的收获或感想	你的建议
活动1 头脑风暴: 什么是艾滋病		
活动2 野火游戏: 疯狂地传播		
活动3 危险分级:跨越 "危险地带"		

（2）拓展延伸项目反馈。

拓展延伸项目	最打动你的细节	你的最大感受
你看过的电影：		
你的其他推荐：		

（3）通过本次主题活动，你在"预防艾滋病病毒感染"方面是否还存在感到困惑的地方？主要的困惑点是：_____

_____

_____

_____

别担心，我们会为你保密！若你需要帮助，我们将提供必要的支持。

第四单元

无"毒"青春

【单元目标】

1.了解毒品的相关概念。

2.了解毒品的危害。

3.拒绝毒品。

【单元重点】

1.正确认识毒品本质。

2.识别吸贩毒分子引诱他人吸毒的动机和伎俩。

3.掌握拒绝毒品的方法。

主题一　认识毒品

一、常识速递

1.毒品

根据《中华人民共和国刑法》第三百五十七条规定,毒品是指鸦片、海洛因、甲基苯丙胺(冰毒)、吗啡、大麻、可卡因以及国家规定管制的其他能够使人形成瘾癖的麻醉药品和精神药品。《麻醉药品及精神药品品种目录》中列明的麻醉药品和精神药品各超过100种。

2.毒品的分类

毒品种类很多,范围很广,分类方法也不尽相同。

从毒品的来源看,可分为天然毒品、半合成毒品和合成毒品三大类。天然毒品是直接从毒品原植物中提取的毒品,如鸦片。半合成毒品是由天然毒品与化学物质合成而得的毒品,如海洛因。合成毒品是完全用有机合成的方法制造的毒品,如冰毒。

从毒品对人中枢神经的作用看,可分为抑制剂、兴奋剂和致幻剂等。抑制剂能抑制中枢神经系统,具有镇静和放松作用,如鸦片类。兴奋剂能刺激中枢神经系统,使人兴奋,如苯丙胺类。致幻剂能使人产生幻觉,导致自我歪曲和思维分裂,如麦司卡林。

从毒品的自然属性看,可分为麻醉毒品和精神毒品。麻醉毒品是指对中枢神经有麻醉作用,连续使用易产生生理依赖性的毒品,如鸦片类。精神毒品是指直接作用于中枢神经系统,使人兴奋或抑制,连续使用能产生依赖性的毒品,如苯丙胺类。

从毒品流行的时间顺序看,可分为传统毒品和新型毒品。传统毒品一般指阿片类流行较早的毒品,主要有鸦片、吗啡、海洛因、大麻、杜冷丁(派替啶)、古柯、可卡因等。新型毒品是相对于传统毒品而言的,主要指人工化学合成的致幻剂、兴奋剂类毒品,有冰毒、摇头丸、K粉、咖啡因、三唑仑等。新型毒品多出现在娱乐场所,所以又被称为"俱乐部毒品""休闲毒品""假日毒品"。新型毒品"娱乐性"的假象在很大程度上掩盖了其"毒"的本质,这也是新型毒品蔓延的重要原因,必须多加警惕。

3.常见的传统毒品与新型毒品

(1)鸦片。鸦片又称为阿片,俗称大烟,由罂粟果实中流出的乳液经干燥凝结而成。因产地不同而呈黑色或褐色,味苦。生鸦片经过烧煮和发酵,可制成精制鸦片,吸食时有一种强烈的香甜气味。吸食者初吸时会感到头晕目眩、恶心或头痛,多次吸食就会上瘾。

(2)吗啡。吗啡是从鸦片中提炼出来的主要生物碱。起初它被作为镇痛剂应用于临床,但它对呼吸中枢有极强的抑制作用,如同吸食鸦片一样。吗啡为无色或白色结晶粉末状,具有镇痛、催眠、止咳、止泻等作用,吸食后会产生欣快感,比鸦片容易成瘾。长期使用会引起吸食者精神失常、谵妄和幻想,过量使用会导致吸食者呼吸衰竭而死亡。

(3)海洛因。海洛因也称盐酸二乙酰吗啡,俗称白粉,它是由吗啡和醋酸酐反应而制成的。因其成瘾最快,毒性最烈,曾被称为"世界毒品之王",一般持续吸食海洛因的人只能活7~8年。成瘾后的戒断症状十分剧烈,使吸毒者身不由己,痛苦不断。

(4)大麻。大麻是桑科一年生草本植物,雌雄分株,原产亚洲中部,现遍及全球,有野生的也有人工栽培的。大麻类毒品主要包括大麻烟、大麻脂和大麻油,主要活性成分是四氢大麻酚。大麻对中枢神经系统有抑制、麻醉作用,吸食后使人产生欣快感,有时会出现幻觉和妄想,长期吸食会引起精神障碍、思维迟钝,并破坏人体的免疫系统。

(5)冰毒。冰毒即"甲基苯丙胺",外观为纯白结晶体,故被称为"冰"(ice)。它对人体中枢神经系统具有极强的刺激作用,且毒性强烈。冰毒的精神依赖性很强,人吸食后会产生强烈的生理兴奋,大量消耗人的体力和降低免疫功能,严重损害人的心脏、大脑组织甚至导致死亡,还会让人造成精神障碍,表现出妄想、好斗、错觉,从而引发暴力行为。

(6)摇头丸。摇头丸是冰毒的衍生物,俗称"迷魂药"。它具有使中枢神经兴奋和致幻的作用,可引起幻觉、幻视、眩晕、空间定向力障碍,使人极度兴奋、摇头不止。长期滥用可造成行为失控、精神病和出现暴力倾向,过量服用则可造成猝死。摇头丸常常被制成不同形式的药丸和药片,五颜六色,或者制成"开心水""奶茶""咖啡""跳跳糖"等形式。

(7)K粉。K粉即"氯胺酮",静脉全麻药。白色结晶粉末,无臭,易溶于水,通常在娱乐场所滥用。人服用后遇快节奏音乐便会强烈扭动,会导致神经中毒反应、精神分裂症状,让人出现幻听、幻觉、幻视等,对记忆和思维能力造成严重的损害。此外,容易让人产生性冲动。

(8)咖啡因。咖啡因是由化学合成或从茶叶、咖啡果中提炼出来的一种生物碱。大剂量长期使用会对人体造成损害,引起惊厥、心律失常,并可加重或诱发消化性肠道溃疡,甚至导致吸食者下一代智能低下、肢体畸形;同时具有成瘾性,人停用会出现戒断症状。

(9)"浴盐"。它是多种同类衍生物混合而成的一种新型致幻剂,以其外形如同海盐,故称为"浴盐"。浴盐是苯丙胺的类似物,能引起多巴胺释放,人服用后会出现十分复杂的幻觉和攻击行为,长期使用者能出现人格混乱和引发持续性心肌梗死的风险。

二、活动设计

【课堂活动1　快速联想:什么是毒品】

（1）活动目的:认识常见毒品的外形和特征;知晓毒品有较强的隐蔽性,且吸食会成瘾。

（2）活动准备:大白纸,白板笔,鸦片、冰毒、海洛因、大麻等天然毒品,以及"神仙水""娜塔沙""0号胶囊""氟胺酮"等较为常见的新型毒品的图片（图片上只备注毒品名称）。

（3）活动时间:35分钟。

（4）活动流程:

第一步　主持人将学员分成若干小组,然后提问:提到毒品,大家想到了什么?请学员在小组内用快速联想的方式把想到的内容写在大白纸上。

第二步　各小组派代表汇报联想的结果。

第三步　主持人根据小组的汇报情况进行小结,引出毒品的定义和种类。随后,主持人将事先准备好的毒品图片分发给每个小组,提问:"大家是否知晓这些毒品的性状、吸食后的症状及危害?"各组成员根据自己了解的知识自由发言。

第四步　自由发言结束后,主持人不做评论,鼓励大家通过手机上网查询资料或用通信方式进行场外求助,看看自己刚才所阐述的关键信息是否准确、全面,查询后可进行补充。

第五步　主持人总结常见毒品的外形和特征,以及吸食后对人体的危害。

（5）活动小结：毒品的种类有很多。以前觉得吸毒是离我们特别遥远的事，但现在，有很多新型毒品就隐藏在生活中，有的长得像邮票，有的跟我们常吃的奶茶、跳跳糖、巧克力看起来差不多，具有很强的隐蔽性，也更容易迷惑年轻人，不得不引起我们的重视和警惕。一旦沾染上毒品，危害将是巨大的，会毁灭自己、祸及家庭、危害社会。

【课堂活动 2　问题澄清：关于毒品的真相】

（1）活动目的：澄清关于毒品的认知误区，正确认识毒品及其危害。

（2）活动准备：大白纸、白板笔。

（3）活动时间：30 分钟。

（4）活动流程：

第一步　有人说："摇头丸不是毒品。"有关毒品，大家还听说过别的什么说法吗？主持人引导学员自由回答。随后，通过大家对毒品的简单认识，提出几个常见的观点，写在白板上。

可能存在的认知误区（可依实际情况增减）：

①毒品离我们的生活很远。

②只有海洛因这些才算毒品。

③只吸一次试试，没关系，不会上瘾的。

④毒品有那么可怕？我不信。

⑤我的哥们儿都吸，不会害我。

⑥吸毒让我忘却痛苦。

⑦吸毒可以减肥。

⑧吸毒是有钱人的象征。

⑨戒毒是件简单的事情。

第二步　学员分小组深入讨论，将主要观点写在大白纸上，随后向大家分享本组观点。

第三步　通过大家对这几个观点的认识,了解学员对毒品存在的误区,主持人再进行深入的解释和分析。

认识误区	事实真相
①毒品离我们的生活很远	很多人都觉得毒品离自己很远,我们根本接触不到这些东西,没有普及知识的必要。其实不然
②只有海洛因这些才算毒品	社会在发展,毒品的种类也五花八门。除了传统的海洛因、冰毒、鸦片等以外,咖啡因、摇头丸等也都在毒品行列,甚至还有一些像"零食"的毒品。"奶茶""跳跳糖"……这些都可能暗藏毒品
③吸一次试试,没关系,不会上瘾的	毒品有依赖性且很难完全戒除。在不断地吸食过程中,毒品对人的生理和精神造成极大的无法弥补的损伤。这也是很多刚开始尝试吸毒的人的普遍观念,他们往往抱着侥幸的心理,殊不知,一旦沾染上毒品,就很难摆脱了
④毒品有那么可怕? 我不信	吸毒会给人带来一时的快感,却会造成终生的痛苦和悔恨。不同的毒品会给人体造成不同的伤害,可参见常识速递部分关于常见毒品的介绍
⑤我的哥们儿都吸,不会害我	统计显示,97%以上的人第一次吸毒都是从所谓的朋友那里开始的。真正的朋友不会让你吸毒
⑥吸毒让我忘却痛苦	吸食毒品会让人感到很"爽",因为它麻痹大脑。但吸食过后带来的痛苦也是让人无法忍受的,包括头疼欲裂、视力模糊等。吸食毒品后出现的所谓"爽"是畸形的体验,不但不能解除痛苦,反而给你带来更深的失望、恐惧
⑦吸毒可以减肥	通过吸毒来减肥是非常不理智的行为,初次或偶尔吸食,使用者会精力充沛、食欲减退、不思睡眠,最终上瘾,使人变瘦。但是,它危及生命,让人丧失理智

认识误区	事实真相
⑧吸毒是有钱人的象征	或许很多吸毒的人刚开始都比较有钱,在畸形的价值观下,他们认为吸毒是有钱、有地位的象征。但沾染上毒品之后往往因为无限地投入,使他们从富人变成穷人
⑨戒毒是件简单的事情	毒品不像其他东西那样想戒就能戒,它会让你无论在精神还是身体上都产生强大的依赖性,一个长期吸毒的人在戒毒阶段是极其痛苦的。据相关调查,我国不少地区戒毒者的复吸率高达90%

第四步　在前面讨论学习的基础上,主持人邀请学员们分析青年群体容易沾染毒品的原因。

(5)活动小结:毒品虽然小,但是它的"威力"巨大,价格不菲。它五花八门,可以是固态的,也可以是液态的,甚至还有可能是气态的。摧毁一个人的意志精神,危及人的身体健康,对它来说只是小菜一碟。一旦碰到它,它会像胶水一样死死地黏住你,很难彻底摆脱。

年轻人容易受好奇心驱使,受同伴或朋友引诱,盲目追赶时髦,受虚荣心驱使,受挫后逃避现实,对毒品的无知,寻求不正当的刺激,被他人蒙骗而沾染上毒品。

【课堂活动3　青春"奇葩说":你的态度是什么】

(1)活动目的:通过辩论,引导大家积极参与,理性思考。提高学生的禁毒、拒毒、防毒意识,并主动承担传播禁毒知识的社会责任感。

(2)活动准备:

①计时器、计分表、礼品。

②课前组织上课班级进行辩论准备,告知辩题及规则;选手由学员自

由报名,正、反方各4人。

③可邀请青春健康指导老师或资深同伴教育主持人担任"奇葩导师"。

(3)活动时间:45分钟。

(4)活动流程:可供选择的青春"奇葩说"主题有以下几种。

A.发现好朋友吸毒的态度

正方:主动报警;反方:帮助隐瞒。

B.学生吸毒应不应该开除

正方:应该开除;反方:不应该开除。

C.需不需要积极参加禁毒志愿活动

正方:需要积极参加;反方:不需要积极参加。

D.涉毒明星应不应当"封杀"

正方:应当"封杀";反方:不应当"封杀"。

第一步　主持人介绍辩论规则及流程。除辩手外,其余学员担任"观众"。

第二步　正式辩论环节:

①立论:确定开场顺序,双方一辩依次发言,阐明观点、立场,各2分30秒。

②对杠:

a.正方二辩选择反方二辩或三辩进行一对一攻辩(每个提问不超过30秒,共1分30秒)。

反方二辩选择正方二辩或三辩进行一对一攻辩(每个提问不超过30秒,共1分30秒)。

b.正方三辩选择反方二辩或三辩进行一对一攻辩(每个提问不超过30秒,共1分30秒)。

反方三辩选择正方二辩或三辩进行一对一攻辩(每个提问不超过30秒,共1分30秒)。

③观众好奇杠:(参与观众可获得小礼品一份)观众向正方提问一个问题,回答时间不超过40秒;观众向反方提问一个问题,回答时间不超过40秒;除四辩外任意辩手回答。

④总结陈词:反方四辩总结陈词2分钟;正方四辩总结陈词2分钟。

第三步 受邀"奇葩导师"及观众评分裁决,评出"冠军队"及"冠军辩手"。

第四步 "导师"点评。"导师"为所有参与辩论学员颁发礼品,以资鼓励。

第五步 主持人总结,回归辩论主题。

(5)活动小结:在课堂"比赛"的激励下,大家反复阅读禁毒报告,了解禁毒形势,从而能知道我国在禁毒宣传教育以及打击毒品犯罪方面取得的丰硕成果;认真思考禁毒工作中的热点问题,从而对毒品的认知更加清晰。

当代大学生应充分展示青春正能量,增强主动参与禁毒斗争的责任意识,树立正确的价值观,广泛传播"健康人生,无毒无悔"的健康生活理念。

三、拓展延伸

1.数据说话

国家禁毒委员会发布的《2018年中国毒品形势报告》显示:2018年,我国共破获毒品犯罪案件10.96万起,抓获犯罪嫌疑人13.74万名,缴获各类毒品67.9吨;查处吸毒人员71.7万人次,处置强制隔离戒毒27.9万人次,责令社区戒毒社区康复24.2万人次。

当前,全球毒品制造、贩运、滥用问题更加突出,毒品来源、种类和吸毒人数不断扩大,一些国家和地区毒品问题持续泛滥,毒品危害日益严重,吸毒致死人数连年攀升,造成严重社会危机,国际毒品形势更加错综复杂。据统计,全球约有2.75亿人至少使用过一次毒品,其中近3 100万人为吸毒成瘾者;全球制毒前体需求激增,易制毒化学品流失风险加大,为逃避管制政策,不法分子不断开发寻购非列管化学品作为替代前体,导致大量非列管化学品流入制毒渠道;"暗网"毒品交易活跃,"暗网"上六成以上非法商品和服务与毒品有关且交易量增速迅猛;一些国家大麻"合法化",加剧了大麻在全球的蔓延,对现有国际禁毒政策产生冲击,加大了全球毒品治理的复杂程度。随着经济全球化和社会信息化加快发展,世界范围毒品问题泛滥蔓延,特别是周边毒源地和国际贩毒集团对中国渗透不断加剧,已成为中国近年来毒品犯罪高发、滥用、治理难度大的重要外部因素。

2018年,中国现有吸毒人数占全国人口总数的0.18%,首次出现下降。尽管中国治理毒品滥用取得一定成效,但合成毒品滥用仍呈蔓延之势,滥用毒品种类和结构发生新变化。

——毒品滥用人数增速减缓但规模依然较大,新增吸毒人员减少。截至2018年底,全国现有吸毒人员240.4万名(不含戒断3年未发现复吸人数、死亡人数和离境人数),同比下降5.8%。其中,35岁以上114.5万名,占47.6%;18岁到35岁125万名,占52%;18岁以下1万名,占0.4%。2018年新发现吸毒人员同比减少26.6%,其中35岁以下人员同比下降31%,有30个省(区、市)涉毒违法犯罪人员中未成年人所占比例下降,青少年毒品预防教育成效继续得到巩固。

—— 冰毒成为滥用"头号毒品",大麻滥用人数增多。在240.4万名现有吸毒人员中,滥用冰毒人员135万名,占56.1%,冰毒已取代海洛因成为我国滥用人数最多的毒品;滥用海洛因人员88.9万名,占37%;滥用氯胺酮人员6.3万名,占2.6%。大麻滥用继续呈现上升趋势,截至2018年底,全国滥用大麻人员2.4万名,同比上升25.1%,在华外籍人员、有境外学习或工作经历人员及娱乐圈演艺工作者滥用出现增多的趋势。

——复吸人员滥用合成毒品占主流，交叉滥用者更加突出。混合滥用合成毒品和阿片类毒品交叉滥用情况突出，截至2018年底达31.2万名，同比上升16.8%，占现有吸毒人员总数的12%。2018年，全国查获复吸人员滥用总人次50.4万人次，其中滥用合成毒品28.9万人次，占总数的57.3%；滥用阿片类毒品21.2万人次，占总数的42.1%。

——毒品市场花样多，新类型毒品不断出现。为吸引消费者、迷惑公众，一些毒贩不断翻新毒品花样，变换包装形态，"神仙水""娜塔沙""0号胶囊""氟胺酮"等新类型毒品不断出现，具有极强的伪装性、迷惑性和时尚性，以青少年在娱乐场所滥用为主，给监管执法带来难度。据国家毒品实验室检测，全年新发现新精神活性物质31种，新精神活性物质快速发展蔓延是目前全球面临的突出问题。

——毒品滥用危害极大，严重影响社会治安。毒品滥用不仅给吸毒者本人及其家庭带来严重危害，也诱发盗抢骗等一系列违法犯罪活动。长期滥用合成毒品还极易导致精神性疾病，由此引发自伤自残、暴力伤害他人、"毒驾"等肇事肇祸案事件时有发生，给公共安全带来风险隐患。

（资料来源：中国禁毒网《2018年中国毒品形势报告》，2019-06-17）

2."心瘾"的运作机制

为什么毒品或药物滥用成瘾的复发率高？为什么患者的身体明明没有不舒服，还是忍不住吸食？因为成瘾物质或行为给患者带来的快感太强烈了，他们产生了强烈的心理（精神）依赖，也就是所谓的"心瘾"。

从心理学角度来看，这种心理依赖是潜意识层面存在的病理性条件反射。根据目前的研究，其运作机制分为3个阶段：唤醒—产生冲动—实施行动。

首先，患者一感到无聊、心烦、压力大，甚至不开心的时候，马上就会想到滥用成瘾的物质或者成瘾的行为，这是唤醒环节。然后，一想到滥用成瘾的物质或成瘾行为时，就产生兴奋、愉悦等积极情绪。追求快感是动物的本能，于是，患者就会产生滥用物质或者再次从事成瘾行为的冲动。

这是产生冲动的环节。服食时间越长，药物带来的快感越强，这种冲动也就越强。

比如滥用曲马朵的患者，他们一旦停用后身体不舒服，或者仅仅只是烦恼、无聊时，脑子里会立刻想到曲马朵。继而，马上就想到服食曲马朵后感到非常放松、舒服、愉悦，于是产生服食曲马朵的欲望和冲动。

可以看出，心理依赖的唤醒和产生冲动，是一连串发生在潜意识层面的条件反射，不会经过理性思考。冲动产生后，理性思考才有可能出现：有没有钱买？去哪里买？怎么避开警察？没钱了要不要去借、去抢？可能还会想到滥用药物的危害，对不住家人，前途尽毁。如此等等，不一而足。

这时候，冲动和理性就在患者心里产生冲突。如果冲动占了上风，患者哪怕去借钱、抢钱，最终都会购买曲马朵，再次服用。这就是"心瘾"的第三个环节，实施行动。如果理性取得了胜利，患者就成功忍住了，直到下一次冲动再产生。

（资料来源：搜狐网，何日辉《心瘾怎么戒》，2017-03-30）

3.新型毒品：助长艾滋病流行的帮凶

（1）新型毒品使用者可因自身心理健康水平低下，或在药物作用下，或因新型毒品滥用造成大脑损伤，从而使个体自控能力下降，难以作出正确的选择。

（2）新型毒品使用者可因共用针具注射使用毒品而感染艾滋病病毒。

（3）新型毒品大多具有增强性欲的作用，而可诱发使用者发生多性伴行为或群体性性行为。

（4）新型毒品可造成使用者在认知、情感、行为、思维等方面的损伤，从而无视风险，发生无保护性行为。

（5）新型毒品可促进艾滋病病毒感染者体内艾滋病病毒的繁殖，导致体内病毒量增加，不仅可加快艾滋病发病，而且会降低抗病毒治疗的疗效，或使艾滋病病毒的传染性增强。

四、学习反馈

（1）课堂活动反馈。

课堂活动	你最大的收获或感想	你的建议
活动 1 快速联想：什么是毒品		
活动 2 问题澄清：关于毒品的真相		
活动 3 青春"奇葩说"： 你的态度是什么		

（2）通过本次主题活动，你在"认识毒品"方面是否还存在感到困惑的地方？主要的困惑点是：_____

_____

_____

_____

别担心，我们会为你保密！若你需要帮助，我们将提供必要的支持。

主题二　拒绝毒品

一、常识速递

1.拒绝毒品技巧

（1）直接拒绝。拒绝要坚决有力,表现为态度坚定、语言有力。例如说"不"时,要坚定地说、重复地说;肢体语言和口语表达要一致,要理直气壮、坚决拒绝。具体表现:边说"不",边摇头、后退、离开等。

（2）间接拒绝。如果觉得直接拒绝朋友拉不下脸,或者没有勇气直接拒绝朋友,可以找个理由拒绝,如"我肚子疼,要去厕所",或者"有急事,得赶紧回去"等。如果发现有人吸毒,应果断报警。如果受到威逼利诱而无法脱身,应冷静机智地与之周旋应对,趁人不注意时,悄悄地告诉可信赖的人,或拨打 110。当遭到毒贩、毒友逼迫并威胁时,不要紧张害怕,要第一时间告诉家人、老师、警察。

在拒绝过程中,如果被朋友不停地引诱、劝说,有一个"救命 30 秒"方法,即让自己先想 30 秒钟,再决定是否要尝试。这个方法需要基于平时的拒毒训练。平时反复训练之后,大脑就会形成一种思维定式:在面对毒品的诱惑时,条件反射似的用 30 秒钟进行一连串联想——吸毒违法—吸毒会上瘾—吸毒最终会家破人亡。这些联想会让人得出一个结论:毒品沾不得,不能继续留在原地,趁自己头脑清醒,马上离开危险境地。

2.预防吸毒"十不要"

①不要因为遇到不顺心的事情就以吸毒来消愁解闷。

②不要因好奇心而吸毒。

③不要抱侥幸心理染毒。

④不要结交有吸毒、贩毒行为的人。

⑤不要在吸毒场所多停留一秒钟。

⑥不要听信吸毒是"高级享受"的谎话。

⑦不要接受有吸毒劣迹的人或陌生人递来的烟或饮料。

⑧不要听信毒品能治病的谎言。

⑨不要有炫富心理，以为有钱人才吸得起毒。

⑩不要盲目仿效吸毒者，更不要崇拜吸毒的"偶像"。

3.远离毒品"四招"

（1）树立"四个意识"：憎恨毒品、远离毒品的意识；吸毒极易成瘾，染毒难以戒断的意识；吸毒违法、贩毒有罪的意识；自我保护和责任意识。

（2）构筑拒毒心理防线：正确把握好奇心，抵制不良诱惑；正确对待挫折、困难，用健康方式排解困扰。

（3）构筑拒毒行为防线：从远离烟酒做起，不去青少年不宜进入的场所，慎重交友。

（4）增强社会责任感，选择健康的生活方式，做有社会责任感的公民。

二、活动设计

【课堂活动 1　角色交换：读心术】

（1）活动目的：帮助学员识别吸贩毒分子引诱他人吸毒的动机。

（2）活动准备：吸贩毒案例。

（3）活动时间：30 分钟。

（4）活动流程：

第一步　主持人将学员分成两个小组,每个小组承担一个任务,一个小组扮演贩毒团伙,一个小组扮演普通学生。贩毒者试图引诱普通人吸毒。

第二步　扮演完毕,邀请扮演贩毒者的学员分析贩毒人的心理动机,为何引诱他人吸毒;扮演普通学生的学员分析在面对引诱时的心理变化过程及应对技巧。

第三步　两组互换身份,再进行一轮扮演,体验和分析对方的心理和行为。

第四步　主持人通过列举实例,分析贩毒人的一般心理动机:

①赚取毒资。发展更多的毒友,为将来兜售毒品找市场,以赚取钱财、毒资。

②拉人做伴。自己由于吸毒而失去家人、朋友,感到被孤立,于是就想把他人拉下水,好与自己做伴;或者是看到别人不吸毒(与自己不一样)感到不舒服,心里别扭,想拉别人一起吸毒。

③分享"快乐"。为了所谓的"友谊",和"哥们儿"或"姐妹"一起"享受"毒品带来的"快乐"。

④诱骗女性。利用毒品去诱骗女性,以便奸淫,有的甚至用毒品长期控制已成瘾的女性。

(5)活动小结:识别吸、贩毒分子引诱他人吸毒的动机,提高自身辨别和防护能力。一定要立场坚定,切记毒品有害、永不沾毒!

【课堂活动 2　情境模拟:学会对毒品说"不"】

(1)活动目的:掌握拒绝毒品的技能,提高自我保护能力。

(2)活动准备:情境卡片。

(3)活动时间:45 分钟。

(4)活动流程:

第一步　主持人将所有学员分为5组,每组选择一张情境卡片,根据卡片上所提供的内容,选派代表进行角色扮演,每组有4分钟表演时间。

【情境卡片】

情境A:几个哥们儿在一起打牌,其中一个哥们儿请大家吸烟,并且说:"哥们儿我能害你们吗?今天高兴,尝尝没事。"

情境B:几个同学一起到小丹家参加她哥哥的生日聚会。其间她哥哥拿出"跳跳糖"请大家吃,并且说:"你们知道吗?有钱人都玩这个,很酷。吃完,聚会才会热闹、有趣。"

情境C:最近,小王很烦,总是闷闷不乐。小张一问才知道,小王是为交女朋友的事而烦恼。小张说:"一个大男人,至于吗?"然后他让小王跟他一起"溜冰"(吸食冰毒),说这能让人忘却痛苦。

情境D:几个朋友一起到酒吧玩,一位陌生人请他们喝"奶茶"。

情境E:小菊感觉自己的闺密最近在朋友圈晒的照片显得身材很好,她咨询用的是什么办法。结果闺密告诉她,是一种K粉使自己"魔力瘦"。

第二步　给学员5分钟的讨论时间,讨论以下问题:

①以上情境中,引诱他人吸毒的伎俩有哪些?

②表演者拒绝毒品的处理方式是否合适? 如果是自己遇到以上问题应该如何做?

③日常生活中,面对引诱,该如何应对呢?

第三步　各小组分享观点。

第四步　主持人在大家发言的基础上,让学员们学会如何识破伎俩,同时学会如何拒绝和远离毒品。

(5)活动小结:吸、贩毒人员引诱他人吸毒常用伎俩很多。例如,怂恿者可能会谎称这不是毒品,试图抓住他人的认知空白进行恶意误导,混淆视听;用更隐蔽的手法,将毒品用奶茶、咖啡、茶叶包等包装进行掩饰;谎称其具有"神奇功效""不上瘾";邀请他人免费尝试;鼓吹吸毒"时尚、有钱"。

应对方法:我们要了解毒品真相,掌握基本常识,减弱好奇心;谨慎交友,主动远离"毒友";尽量不去娱乐场所,如果去了一定要提高警惕;学会说"不",这是一种态度,也是一项重要的技能。

【课堂活动3　案例分析:吸毒的下场】

(1)活动目的:明白吸毒违法,贩毒犯罪。

(2)活动准备:大白纸、白板笔、案例。

(3)活动时间:30分钟。

(4)活动流程:

第一步　主持人将学员分成4个小组,每个小组1个案例,然后向学员讲述案例。

【案例A】

李某,男,1980年出生,无业。李某起意贩卖大麻后,在社交网络上发布大麻图片,吸引他人购买。浙江省苍南县某英语培训机构的一名外籍教员在社交网络上看到李某发布的大麻照片后点赞,李某便询问其是否需要。后二人互加微信,并联系大麻交易事宜。2017年11月至2018年10月,李某先后31次卖给对方大麻共计141克,得款1.7万余元。经鉴定,查获的检材中检出四氢大麻酚、大麻二酚、大麻酚成分。法院认为,被告人李某明知大麻是毒品而贩卖,其行为已构成贩卖毒品罪,且多次贩卖,属情节严重,应依法惩处。鉴于李某归案后能如实供述自己的罪行,可从轻处罚。据此,法院依法对李某判处有期徒刑四年,并处罚金人民币16 000元。

【案例B】

施某,男,1973年出生,无业。林某甲,男,1970年出生,无业。2015

年6月,施某、林某甲密谋合伙制造甲基苯丙胺(冰毒),商定施某出资8万元,负责购买主要制毒原料及设备等;林某甲出资20万元,负责租赁场地和管理资金。同年7月,施某纠集郑某、刘某、柯某(均系同案被告人,已判刑)参与制毒。郑某提出参股,后通过施某交给林某甲42万元。施某自行或安排郑某购入部分制毒原料、工具。林某甲租下一处厂房作为制毒工场,纠集林某乙、黄某(均系同案被告人,已判刑)协助制毒,并购入部分制毒配料、工具。同月20日晚,施某以每袋7.8万元的价格向吴某、俞某(均系同案被告人,已判刑)购买10袋麻黄素,并通知林某甲到场支付40万元现金作为预付款。林某甲将麻黄素运至上述制毒工场后,施某、林某甲组织、指挥郑某、刘某、柯某、林某乙、黄某制造甲基苯丙胺。同月23日23时许,公安人员抓获正在制毒的施某、林某甲等7人,当场查获甲基苯丙胺约149千克,含甲基苯丙胺成分的固液混合物和液体共计约621千克,以及一批制毒原料和工具。

法院认为,被告人施某、林某甲结伙制造甲基苯丙胺,其行为均已构成制造毒品罪。施某、林某甲分别纠集人员共同制造甲基苯丙胺,数量特别巨大,社会危害极大,罪行极其严重,且二人在共同犯罪中均起主要作用,系主犯,均应按照其所组织、指挥和参与的全部犯罪行为处罚。据此,法院依法对被告人施某、林某甲均判处并核准死刑,剥夺政治权利终身,并处没收个人全部财产。罪犯施某、林某甲已于2018年12月13日被依法执行死刑。

【案例C】

谢某,男,1990年出生,广西某镇农民。

2018年3月某日凌晨,谢某在家中容留梁某某、吕某甲、吕某乙、王某甲及未成年人李某某、陈某、王某乙、吕某丙8人吸食毒品。当日14时许,公安人员对该房间进行例行检查时,将谢某及上述8人抓获,当场从谢某的电脑台抽屉内查获1包甲基苯丙胺(冰毒),重526.5克。经依法对上述人员进行尿液检测,检测结果均呈氯胺酮阳性。经法院审理,被告人谢某非法持有毒品数量大,其行为已构成非法持有毒品罪;谢某提供场所容留多人吸食毒品,其行为又构成容留他人吸毒罪。谢某非法持有甲基苯丙胺数量大,且容留多名未成年人吸毒,应依法惩处。鉴于其归案后如实供述自己的罪行,可从轻处罚。对其所犯数罪,应依法并罚。据此,法院依法对被告人谢某以非法持有毒品罪判处有期徒刑八年,并处罚金人民币5 000元;以容留他人吸毒罪判处有期徒刑一年,并处罚金人民币2 000元,决定执行有期徒刑八年六个月,并处罚金人民币7 000元。

【案例D】

2018年,大一女生张某,因为涉嫌贩卖毒品,被判刑八个月。该女生是一名某网络平台上的女主播,样貌十分清纯可爱。在老师和家长的眼中,她一直是一个乖巧的好孩子。

张某说:"有一次我朋友让我去找他们玩。我们一块打了麻将,其中一个人就拿出K粉来吸,之后他们几个人都吸了,我看到好玩,也尝试了。之后就经常吸,上瘾了。"张某尝试到吸毒的刺激之后,经常跟着社会上的几个朋友一起吸毒。可是因为自己还是在校学生,没有什么收入,当网络主播赚来的钱,也被她全用来买了毒品。之后经朋友介绍,她开始贩卖毒品,一来可以赚一些钱,二来吸毒也方便。案发当天,张某正在微信上与一名男子进行毒品交易,卖了1 000元,被蹲点几日的民警当场查获。

第二步 主持人提问,学员讨论:

①涉毒所带来的危害是什么?

②如何拒绝毒品?

③案例带来的启发是什么?

第三步 各组将要点写在大白纸上,依次上台与大家分享。

第四步 主持人梳理各小组讨论结果,进行总结。

(5)活动小结:毒品危害极大,一旦上瘾,再多的钱、再大的名都不够用,对人的身心和生活都会带来极大的危害。从大量的涉毒案例来看,除了以贩养吸外,男性吸毒者容易沦为"男盗"(采用盗窃、抢劫、抢夺、诈骗等手段获得毒资),女性吸毒者容易沦为"女娼"(以色相换取毒资)。这些行为轻则构成违法,重则构成犯罪。吸毒违法,贩毒犯罪,我们应主动加强法律意识,了解国家禁毒法律法规,筑牢抵御毒品侵袭的思想防线,树立"毒品绝不能碰"的理念,对自己负责、对他人负责、对社会负责。

三、拓展延伸

1.影音分享

(1)《破冰行动》,由傅东育、刘璋牧执导的缉毒题材悬疑刑侦剧,黄景瑜、吴刚、王劲松、任达华等主演。

推荐理由:该剧以 2013 年广东省"雷霆扫毒"——"12·29 专项行动"为原型,展现"第一制毒村"一夜倾覆的情景,还原这起中国特大制贩毒案件始末。剧情以李飞父子的缉毒行动为双线索,讲述了两代缉毒警察不畏牺牲,拼死撕开当地毒贩织起的错综复杂的地下毒网,冲破重重迷局,为该专项行动奉献热血与生命的故事。

(2)《湄公河行动》,林超贤执导,张涵予、彭于晏、冯文娟等主演。

推荐理由:该片根据"10·5 中国船员金三角遇害事件"(湄公河惨案)改编,讲述了一个行动小组为揭露中国商船船员遇难所隐藏的阴谋,揪出运毒案件幕后黑手的故事。影片告诉我们,从来就没有什么岁月静好,只是有人替我们负重前行。我们要不忘过去,不惧未来,远离毒品,珍爱生命。

(3)《门徒》,尔冬升执导,陈可辛监制,刘德华、吴彦祖、张静初、古天乐、袁咏仪等主演。

推荐理由:影片讲述了警察阿力为掌握整个贩毒王国的贩毒证据,在做卧底期间和毒枭昆哥斗智斗勇的故事。影片故事别开生面,情节张力十足,人物丰满鲜活,内涵引人深思。

2.你知道国际禁毒日吗

每年的 6 月 26 日,是国际禁毒日(International Day Against Drug Abuse and Illicit Trafficking)。1987 年 6 月 12 日至 26 日,联合国在维也纳召开由 138 个国家的 3 000 多名代表参加的麻醉品滥用和非法贩运问题部长级会议。会议提出了"爱生命,不吸毒"的口号,且与会代表一致通过决议,从 1988 年开始将每年的 6 月 26 日定为"国际禁毒日",以引起世界各国对毒品问题的重视,同时号召全球人民共同来解决毒品问题。

近 11 年国际禁毒日主题:

2010 年:"健康是禁毒运动永恒的主题"。

2011 年:"青少年与合成毒品"。

2012 年:"全球行动共建无毒品安全社区"。

2013 年:"让健康而不是毒品成为你生命中'新的快感'"。

2014 年:"希望的信息:药物使用障碍是可以预防和治疗的"。

2015 年:"抵制毒品,参与禁毒"。

2016 年:"无毒青春,健康生活"。

2017 年:"无毒青春,健康生活"。

2018 年:"抵制毒品,参与禁毒"。

2019 年:"健康人生,绿色无毒"。

2020 年:"健康为正义,正义为健康"。

3.与毒品相关的法律法规

(1)《中华人民共和国禁毒法》

本法于 2007 年 12 月 29 日第十届全国人民代表大会常务委员会第三十一次会议通过,自 2008 年 6 月 1 日起施行。本法由总则、禁毒宣传教育、毒品管制、戒毒措施、禁毒国际合作、法律责任、附则共七章七十一条组成,为预防和惩治毒品违法犯罪行为,保护公民身心健康,维护社会稳定提供了法律保障。

（2）《中华人民共和国刑法》

本法于 1979 年 7 月 1 日第五届全国人民代表大会第二次会议通过，2017 年 11 月 4 日第十二届全国人大常委会第三十次会议修订。其中，第二编第六章第七节专门对走私、贩卖、运输、制造毒品罪进行了明确的规定。

（3）《中华人民共和国治安管理处罚法》

本法于 2005 年 8 月 28 日第十届全国人民代表大会常务委员会第十七次会议通过，2012 年 10 月 26 日第十一届全国人大常委会第二十九次会议修订。其中，第三章第七十一至第七十四条，对非法持有毒品、向他人提供毒品、吸食毒品等行为视情节轻重，给予了明确的处罚规定。

四、学习反馈

(1)课堂活动反馈。

课堂活动	你最大的收获或感想	你的建议
活动1: 角色交换:读心术		
活动2: 情境模拟:学会对毒品说"不"		
活动3: 案例分析:吸毒的下场		

（2）拓展延伸项目反馈。

拓展延伸项目	最打动你的细节	你的最大感受
你看过的影视作品：_____		
你的其他推荐：_____		

（3）通过本次主题活动，你在"拒绝毒品"方面是否还存在感到困惑的地方？主要的困惑点是：_____

_____

_____

_____

别担心，我们会为你保密！若你需要帮助，我们将提供必要的支持。

第五单元

成长之"网"

【单元目标】

1.正确看待网络交友。

2.学会辨别网络信息,远离网络诈骗。

3.了解网络的利弊,学习正确使用网络。

【单元重点】

1.掌握明辨真假的能力,远离网络诈骗。

2.用好网络这把"双刃剑",学会成为网络的"主人",而非网络的"奴隶"。

3.建立正确的网络观念,合理、安全、健康、文明地使用网络。

主题一　"网"误青春

一、常识速递

1.互联网的特征

（1）开放性与资源共享性。"一部手机走天下，一台电脑识英雄。"互联网拥有"取之不尽，用之不竭"的资源和"源源不断"的生命活力。一方面，互联网没有时空的限制，拓展了人类的认识和实践的空间，广阔的地球变成了"地球村""电子社区"，远在天涯的距离瞬间变得近在咫尺；另一方面，互联网上没有明显的种族、贫富、性别、职位、年龄等方面的区分，每个人都是"地球村""电子社区"的公民，实现了全球范围内的人类交往，体现了人与人之间的"无限互联"及"无限关系"。

（2）虚拟性和隐蔽性。互联网是由二进制组成的符号世界，它以文字、图像、声音等为载体构建了一个无法触碰的虚拟世界。在这个世界里，"没人知道你是否是一只阿尔法狗"，也没人知道你是白发老翁，还是青涩少年。每个人都可以隐匿或修改自己的身份信息，成为"隐形怪杰"。

（3）多元互动性和便捷性。互联网链接了社会中的各个元素，形成了一个相对自由的"网络时空"，它突破了现实社会行为的限制，可以实现"一对一、一对多、多对多"的同时交互，微信、微博、QQ、钉钉、腾讯会议等线上软件具有超强的交互性，吸引着大量的学生参与其中，为大家带来了极大的便利。

（4）个性化和平等性。在互联网的世界里，每个人都是自己的主人，可以自由地获取信息，可以自由选择讨论话题，可以随心找寻自己的小众爱好，可以大胆表达想法和意见等。在这里，大学生可以感受到更多的自由、平等、多元带来的愉悦体验。

2.网络诈骗

网络诈骗是指以非法占有为目的，利用互联网采用虚构事实或隐瞒真相的方法，骗取数额较大的公私财物的行为。

其花样繁多，行骗手法多样，常用手段有假冒好友、网络钓鱼、网银升级诈骗等，主要特点有空间虚拟化、行为隐蔽等。

3.如何防范电信网络诈骗

牢记"十个凡是"：

（1）凡是网上兼职刷单的都是诈骗。

（2）凡是网上投资理财高回报高收益的都是诈骗。

（3）凡是网上办信用卡、贷款，需填写验证码、验资缴纳保证金的都是诈骗。

（4）凡是网上交友诱导投资的都是诈骗。

（5）凡是冒充淘宝客服退款要验证码的都是诈骗。

（6）凡是冒充公检法机关办案，要求转账到安全账户的都是诈骗。

（7）凡是 QQ 冒充老板亲友，网络上要求财务转款的都是诈骗。

（8）凡是电话冒充熟人或领导，不见面就借钱的都是诈骗。

（9）凡是冒充部队人员采购物资，要求垫资购物的都是诈骗。

（10）凡是买游戏装备私下交易的都是诈骗。

二、活动设计

【课堂活动1　动作传递:网络交友】

（1）活动目的:认识网络交友的虚拟性与多元性,增强网络交友的警惕性,正确对待网络交友问题。

（2）活动准备:任务卡片、眼罩。

（3）活动时间:30分钟。

（4）活动流程:

第一步　主持人介绍游戏规则:活动参与者用眼罩蒙上眼睛,随后,主持人将一张写有词语的卡片给第一位参与者(此时摘下眼罩)看,第一位参与者用肢体语言将词语表现出来,向第二个参与者传递,后面的参与者用同样的方式依次传递,待最后一名参与者看完肢体语言表演后,说出表达的是什么词语。

第二步　主持人选出5~7名学员参加,参与者站成一排并戴上眼罩。台下学员认真观察并保持安静。

第三步　游戏开始,第一位参与者向后一位参与者用肢体语言描述卡片词语,从前往后,依次传递,由最后一名参与者说出所理解的词语。

第四步　主持人向学员提出以下问题:

①倒数第二个"网民"做的动作是否正确?

②错误的动作信息是从哪一位参与者开始的?

③这与网络信息传播有什么相似点?

（5）活动小结:网络交友拉近了人与人之间的"距离",扩大了人们的交友圈,但网络交友也存在着一定的安全问题。

网络的虚拟性导致信息在传递过程中会产生差异,这种差异一部分来源于信息产生时的主观隐瞒,即不愿将最真实的自己暴露于网络之中。

信息隐瞒一方面是在自我保护,使自己免遭网络带来的不利影响,但另一方面会给信息受众带来误解。

网络交友与现实交友都可以通过和别人的交流汲取各种不同的经验,也可以让自己缓解压力,放松情绪。网络交友已经成为一种重要的交友手段,我们必须提高安全防范意识和自我保护意识,不侵害他人利益,给予他人尊重,这样才会得到他人的尊重,真正收获良友。

【课堂活动 2　案例分析:小丽和小伟的故事】

(1)活动目的:学会辨别网络信息,营造良好的网络环境。

(2)活动准备:白板笔、大白纸。

(3)活动时间:20 分钟。

(4)活动流程:

第一步　主持人将学员分为 3 个小组,然后向学员讲述案例。

【参考案例】

2017 年 10 月,某大学大一学生小丽(化名)与大三学生小伟(化名)在校学生会相识,并确认恋爱关系,于次年分手。分手后,小伟一直对小丽念念不忘,并有跟踪她上课、手机偷拍、抢夺其手机等行为。2018 年 5 月,小伟在学校公众表白墙上指责小丽在谈恋爱期间的 20 条恶行,言语夸张粗俗。

小丽姓名、班级、照片、微博等一系列隐私被暴露,使得她在事件发生后不敢出宿舍,没有勇气承受周围同学异样的眼光。其微博账户两个小时内涨粉近百,更有甚者,关注后发来私信"哥们儿,你火了""有心机,怎么还有脸上学"等讽刺侮辱性语言。在网络和现实的双重压力下,小丽的情绪一度崩溃。

第二步　主持人向每组提一个问题:

①假如你是小丽,你会有怎样的感受?

②假如你是网民,你会发表评论吗? 会发表怎样的评论?

③你如何看待网络暴力?

第三步　将提出的问题和学员讨论的答案用白板笔写在大白纸上。

第四步　主持人请每组学员分享自己的观点。

第五步　主持人根据各小组的分享情况进行总结。

(5)活动小结:网络暴力,是一种全新的暴力形式,它是指在网络上发布具有攻击性、伤害性、侮辱性的文字、图片、视频等资料,以对某个人或群体造成伤害为目的的行为。大学生作为活跃在网络中的积极分子,匿名化、虚拟化的环境,常常让生活中遵纪守法的他们,在网络中丧失自我约束力和规范性,认为自己的行为没有任何风险,不需要承担任何代价。其道德意识和法律意识大大降低,针对社会热点或新闻,常常容易突破道德底线,情绪化地表达个人观点,逞一时之快而不计后果。

我们作为青年大学生,在使用网络的过程中要做到明辨是非,有以下三个方法:

①对于接触到的网络信息,要站在客观的立场上,正确看待。

②认知须理性,当看到一些群体性事件信息和一些社会热点事件时,我们理应做到谨慎对待。不能仅凭一知半解,仅凭个人喜好就发表一些过激的言论。每接触到一条网络信息,首先要想到这信息是否真实? 产生的原因是什么? 对自身有什么借鉴?

③吸收应有度,并不是搜集到的每一条信息都是有价值的。在吸收网络信息时,理应做到由表及里,去伪存真,去粗取精,总结经验,交流经验,最终指导实践。

网络并非法外之地,每个人都要对自己的言行负责。在网络上散布不实言论可能面临法律处罚,如果属于扰乱公共秩序的行为,《治安管理处罚法》第二十五、四十二条有相应法律规定;造谣严重侵犯人权时,《刑法》第二百四十六条有相应法律规定。

【课堂活动3 情景模拟:学会应对网络诈骗】

(1)活动目的:掌握识别和应对网络诈骗的技能,提高自我保护能力。

(2)活动准备:情景卡片。

(3)活动时间:45 分钟。

(4)活动流程:

第一步 主持人将所有学员分为 3 组,每组选择一张情景卡片,根据卡片上提供的内容,选派几名代表进行角色扮演,每组有 8 分钟表演时间。

【情景卡片】

情景 A:小吴(化名)和小昊(化名)在家中玩游戏时,发现有人售卖比商城便宜的游戏道具,于是他们加对方为好友购买了游戏礼包。随后,对方提出充值 3 000 元享受后续优惠,小昊发现不对劲,拒绝充值,但是小吴却心动了,准备充值贪图小便宜。这时小昊该如何做呢?

情景 B:小韩(化名)和小李(化名)是一对恋人,小韩接到一个电话,对方说有小韩与小李的私密视频,需 3 万元才肯删除,让小韩赶紧汇钱。小韩筹够了 3 万元并准备汇到指定银行账号时,小李闻讯赶回家。他们猜测可能是在网上进行用户申请时,让骗子知道了个人信息。这时他们该如何做呢?

情景 C:小林(化名)和小森(化名)是一对好闺蜜,她们出去玩时,遇到一位很帅的陌生哥哥。哥哥对她们说扫二维码输入验证码可以送小礼品(二维码经过特殊处理会转移财产),小林见其很帅便掏出手机准备扫码,小森很警觉,她该如何做呢?

第二步 给学员 5 分钟的讨论时间,讨论以下问题:

①以上情景中,骗子利用了受害者的什么心理?

②表演者最后的处理方式是否合适？如果是自己遇到了以上问题，会怎么做？

③日常生活中,我们应如何防范网络诈骗?

第三步　主持人请各小组分享观点。

第四步　主持人在参与者发言的基础上,让参与者学会如何辨别网络骗局,如何防范网络诈骗。

(5)活动小结:在网络诈骗过程中,不法分子主要利用网民恐惧害怕、急于求财、盲目从众、封建迷信、盲目怜悯他人等心理实施网络诈骗。

典型的网络诈骗主要有网络交友诈骗、网络游戏诈骗、网络购物诈骗、网络贷款诈骗等。误入网络诈骗套路不仅会损失钱财,也会对身心造成伤害。近年来,在大学生中,裸聊型网络诈骗案件越来越多,值得大家警惕。

裸聊型网络诈骗主要的犯罪手段为:

①广泛撒网寻找猎物。犯罪嫌疑人以"美女/俊男"头像为诱饵通过各类社交平台广泛交友,把受害人引到第三方聊天软件上,然后通过话术,诱导目标下载所谓的裸聊 App。

②诱导安装裸聊 App。这个所谓的裸聊 App 实际是一个能获取通信录的木马程序。一旦受害人下载该 App,手机上的通信录就被犯罪嫌疑人的后台掌握和记录。

③开启裸聊录制视频。"美女/俊男"发来露骨的视频,其实是犯罪嫌疑人事先录制好的小视频,目的是引诱受害人"深度交流"。当受害人和视频互动时,早已经被犯罪嫌疑人录下了整个过程。

④威胁群发进行敲诈。"美女/俊男"露出真实面目,发来受害人通信录及裸聊的视频,要求受害人向指定账户转账。

⑤无底洞式威胁敲诈。对方以"网管""老板"等多种不同身份要求受害人转账汇款。受害人迫于压力只能照办。犯罪嫌疑人还会要求受害人共享手机屏幕,操控受害人去网贷平台借贷。

青年大学生,生活中要洁身自好;网上交友时,应保持清醒、谨慎,既不要轻易相信陌生网友的说辞，答应陌生网友的要求，也不要将自己真实的信息告诉他人，并提高自己抵抗诱惑的能力。

三、拓展延伸

1.影音分享

《天下无诈》，郭晓东、徐悦、王茜等主演。

推荐理由：国内首部反电信诈骗题材的电视剧，剧情题材主要来自全国各地的电信诈骗真实案例。跟随我国公安机关，现场真实取景拍摄了两起特大跨国电信诈骗案件。

2.数据说话

中国互联网络信息中心（CNNIC）发布的《第45次中国互联网络发展状况统计报告》显示，截至2020年3月，中国网民规模达到9.04亿，互联网普及率为64.5%，手机网民规模达8.97亿，56.4%的网民在过去半年中遭遇过网络安全问题。互联网的开放性意味着每个人都有权享用互联网的便利，同时也意味着每个网民都有责任和义务维护网络安全。作为大学生网民，同学们应该自觉增强网络安全意识，抵制网络暴力、色情低俗有害信息，用法律来衡量自己在网上的言行，积极唱响网络主旋律，传播网络正能量。

3.国家反诈中心App

国家反诈中心App是由公安部刑事侦查局组织开发的一款能有效预防诈骗、快速举报诈骗内容的软件。软件包含丰富的防诈骗知识，通过学习里面的知识可以有效避免各种网络诈骗的发生，提高每个用户的防骗能力，从而减少不必要的财产损失。同时，该App还覆盖了很多专业的防骗技术以及诈骗案例，并通过全面的数据挖掘与比对，实现智能识别疑似诈骗电话、短信、App风险，并对风险行为进行预警及提示，有效封堵诈骗行为。

四、学习反馈

（1）课堂活动反馈。

课堂活动	你最大的收获或感想	你的建议
活动 1 动作传递：网络交友		
活动 2 案例分析： 小丽和小伟的故事		
活动 3 情景模拟： 学会应对网络诈骗		

（2）拓展延伸项目反馈。

拓展延伸题目	最打动你的细节	你最大的感受
你看过的影视作品： ＿＿＿＿＿＿＿＿		
你的其他推荐： ＿＿＿＿＿＿＿＿		

（3）通过本次主题活动，你在"'网'误青春"方面，是否还存在感到困惑的地方？ 主要的困惑点是：＿＿＿＿＿＿＿＿＿＿＿

＿＿＿＿＿＿＿＿＿＿＿＿＿＿＿＿＿＿＿＿＿＿＿＿＿＿＿＿＿＿

＿＿＿＿＿＿＿＿＿＿＿＿＿＿＿＿＿＿＿＿＿＿＿＿＿＿＿＿＿＿

＿＿＿＿＿＿＿＿＿＿＿＿＿＿＿＿＿＿＿＿＿＿＿＿＿＿＿＿＿＿

＿＿＿＿＿＿＿＿＿＿＿＿＿＿＿＿＿＿＿＿＿＿＿＿＿＿＿＿＿＿

别担心，我们会为你保密！ 若你需要帮助，我们将提供必要的支持。

主题二　"网"乐人生

一、常识速递

1.树立正确的网络观

（1）正确的科学技术观。网络技术应"为人所用"，而非"人为网存"。大学生应客观认识网络技术本身的中立性和双面性，把网络技术当作通信、自我提升和发展的工具，把握好网络技术的价值牵引，避免对网络技术的误用和滥用，强化个体的网络主人公意识，避免因对"技术至上"的误解而受到网络技术的奴役，从而树立正确的科学技术观。

（2）正确的网络道德观。马克思曾说："技术的本质就是人的本质或人的本质的表现。"大学生应将现实生活中的法律和道德规范延伸至数字世界，形成规则意识，并将网络技术与传统道德规范融合，形成正确的网络道德观。新时期的大学生，要通过学习形成完善的人格和高级的情感体系，确立正确的世界观、人生观和价值观。学会悦纳自我、情绪和压力管理等，充分意识到网络世界是虚拟的，但网络失范行为的发生过程却是真实的，避免网络失范，真正学会交往、学会利他、学会感恩等。

（3）良好的自律意识。道德的基础是人类精神的自律，自律意识和自律能力是大学生将所学的网络知识和网络规范转化成网络规范行为的基础。对大学生而言，自律可以帮助其更好地抵御虚拟世界的诱惑，减少不良网络行为的发生。

2.使用网络的"五要五不要"

要善于网上学习,不浏览不良信息;

要诚实友好交流,不侮辱欺诈他人;

要增强保护意识,不随意约见网友;

要维护网络安全,不破坏网络秩序;

要有益身心健康,不沉溺虚拟空间。

努力创造干净、健康、文明、有序的网络环境。

二、活动设计

【课堂活动1 分组讨论:无"网"的生活】

(1)活动目的:体会网络对生活的影响。

(2)活动准备:大白纸、白板笔。

(3)活动时间:15分钟。

(4)活动流程:

第一步 主持人将学员分成3个小组,每个小组发放一张大白纸,每人分发一支白板笔。

第二步 主持人提出问题:我们处在互联网时代,大家设想一下,如果有一天网络系统崩溃,断网一天、一月甚至一年,我们的生活会发生什么样的变化呢?

第三步 主持人引导学员从自己身边的小事来展开讨论(如购物、交友、学习等)。

第四步 每组推选小组讨论的分享人。

第五步 讨论结束后,分享人代表本小组汇报讨论结果(小组内的其他成员可相应补充)。

第六步　主持人根据各小组的分享情况进行总结。

（5）活动小结：目前，互联网已经完全融入人们的日常生活，也成为大学生了解世界、获取知识、人际交往、休闲娱乐的重要工具，是学习和生活的重要组成部分。互联网具有内容丰富、雅俗共赏、传播速度快、观点开放等优势，的确给我们带来了极大的便利。虽然网络也具有依赖性和不透明性，但我们不能因噎废食，要学会主动避免互联网的消极影响，充分发挥互联网的积极作用。

【课堂活动2　跨越危险地带：网络的利与弊】

（1）活动目的：认识网络的利与弊。

（2）活动准备：卡片。

（3）活动时间：20分钟。

（4）活动流程：

第一步　主持人将事先打印好的卡片发给学员，每人一张。

【可参考卡片内容】

网络游戏、网上购物、查阅资料、追剧、网络聊天、短视频、网络支付、网课、网上直播、共享经济、线上办公、智能 AI、网络分享、外卖、网络软件……

第二步　参与者独立思考自己手中的卡片内容属于网络的利端还是弊端，然后将卡片粘贴在对应区域。

第三步　粘贴完毕后，主持人引导学员讨论。学员发言评议每个人作出的结论是否正确。

第四步　有不同观点的学员可以反驳，就存在的差异展开讨论。请学员阐述自己观点的理由、依据（只要参与者的回答言之有理即可）。

第五步　主持人反问参与者是否可以仅凭这个词来断定它的好坏

呢？存在对错的,到底是网络本身,还是我们"网民"做出的选择呢?

(5)活动小结:学会规范使用网络,做网络的"主人"。

①正确认识网络。互联网是一把"双刃剑",网络世界既是一个自由、开放、平等的世界,也是一个充满诱惑和陷阱的危险之地。对大学生而言,一方面要认识到网络只是一个工具,网络资源是人类社会不可缺少的财富,对网络的破坏与滥用是对社会秩序的破坏,会危及我们每一个人;另一方面,认清网络世界并非真实的世界,网络带来的并非都是"鲜花与美酒"。我们应合理地使用网络资源,准确把握自己,处理好虚拟社会和现实社会的关系,建立和谐的人际关系,与周围环境保持良好的互动,避免出现网络心理问题。

②面对网络保持情绪的稳定。在接触网络的初级阶段,由于网络知识的缺乏,在面对眼花缭乱的电脑书籍和软件时,应及时地调节紧张、焦虑的不良情绪,主动适应网络。熟练利用网络后,能够理智应用,获取所需要的信息,把网络作为生活、学习、交际的辅助性工具,选择适宜的方式宣泄情绪,缓解压力,避免把网络作为生活的主要内容和消极情绪的发泄工具。

③有较好的自律与自我管理能力。网络只是我们生活的一部分,而不是全部。无论是学习还是消遣娱乐,上网都应有较强的目的性和自律性,不能无节制地上网。不能因为上网而影响正常的生活、学习和工作,也不能因为上网而打乱正常的作息规律,影响身体健康。能够合理地安排日常生活,有效地控制上网时间,经常参加有益的社会活动,积极乐观地面对生活。

④保持虚拟与现实环境中人格的统一。现实生活中,大学生一般都能始终如一地扮演着自己的角色,但网络所提供的各种虚拟情境,会使很多大学生感到身份迷失、角色混乱。迷恋于虚拟的角色,也容易逐渐削弱大学生对现实生活的感受力和参与感。保持人格统一要求上网时能积极主动地接收和处理信息,下网后能迅速地从虚拟情境中走出来,而不是依

然沉迷于网络情境中。

⑤有良好的道德约束力。网络的基本道德准则和现实生活中的道德准则应该是一致的，如公正、正义、进步、诚实等，但网络交往具有隐匿性和间接性，使得网络对自律的要求要高于现实生活。在网络世界里对自己的行为不负责任，将自我凌驾于社会道德和法律之上，肆意伤害他人，甚至违法犯罪都是极不正确的。

⑥有良好的信息选择和辨别能力。网络世界犹如信息的海洋，让人目不暇接，难辨真伪。如果用怀疑一切的心态对待网络信息，势必有失偏颇，也得不到任何有用的信息。健康的心理应该是运用现有的知识，理智选择信息，自觉抵制各类有害信息，并能够有勇气及时改正自己的认知和行为。

【课堂活动3 案例分析：如何正确使用网络】

(1)活动目的：学会如何正确使用网络。

(2)活动准备：写有案例的大白纸、白板笔。

(3)活动时间：20分钟。

(4)活动流程：

第一步 主持人将学员分为3个小组，每个小组有一张写有案例的大白纸，每人一支白板笔。

【案例A】

热播电视剧《江山如此多娇》中，喜妹直播带货，将碗米溪村的熏腊肉、土家风味、粮食酒等众多好物通过直播的方式跨过山水，卖到更远的地方，为乡村振兴写下浓墨重彩的一笔，也为碗米溪村脱贫致富打下了基础。

【案例 B】

利用网络平台，"停课不停学"。2020 年春，为阻断新冠疫情向校园蔓延，确保停课不停教、不停学，全国多地、多校、多所教育机构开展网络教学，利用互联网平台，提供丰富的教育资源，指导学生学习、丰富学生"宅家"生活。在这场没有硝烟的战"疫"中，"停课不停教、不停学"既是战疫情应急之举，也是"互联网+教育"的重要成果应用。

【案例 C】

小罗是某重点大学学生，一位非计算机专业的大学生，却用网络赚了人生的第一桶金。小罗进入大学后充分挖掘自己的兴趣，自学计算机编程，后来应聘到学校的计算机网络中心做学校网站的学生负责人，并参与设计了学校的网站。同学推荐他帮一家公司设计网站，老板很满意，又把他推荐给其他几家公司，很受公司的欢迎。在这期间，他做出了一个大胆的尝试，合伙成立了工作室，一段时间下来，生意非常火爆。小罗认为自己抓住了 21 世纪有前途、有活力的行业，又掌握了相应知识，网络能够成就梦想！

第二步　主持人提问，学员讨论：

①为什么上述案例中网络带来的是积极效应？

②我们从中学到什么？

③我们应该如何正确地使用网络？

第三步　主持人对大家的讨论作出分析。

(5)活动小结：这是一个知识经济的时代，信息正在以前所未有的速度膨胀和爆炸，未来的世界是网络的世界。大学生必须跟上时代的步伐，更快地适应这个高科技的社会，要具有从外界迅速、及时获取有效科学信息的能力，具有传播科学信息的能力，而互联网恰恰适应了这个要求。

网络世界资源共享,就像一个"聚宝盆",一座取之不尽、用之不竭的"富金山"。谁勤于在这座"金山"上耕耘劳动,谁就会有所得。我们可以利用网络拓宽学习渠道,扩大交往范围,增强社会责任感,足不出户地享受人类文明成果。我们也可能着迷游戏无法自拔,淡漠人际关系,降低思维能力,沉醉其中意志消磨。做网络的"主人"还是"奴隶",关键在于自己的选择。

三、拓展延伸

1.影音分享

《断不开的网》,湖南省高级人民法院微电影,2020。

推荐理由:微电影,以近年来的网络舆论形式作为背景,聚焦网络舆论背后的网络恶势力犯罪。电影讲述高校中的网络舆论案例,引发青年大学生思考。在真相到来之前,别让我们的一腔热血成为伤人的刀!互联网中,每个人不但是信息的接收者,也是内容的创造者。每个人都要珍惜自己手里的权力,当你滥用的时候需要法律来矫正。

2.国家网络安全宣传周

国家网络安全宣传周是以网络安全为主题,围绕金融、电信、电子政务等重点领域和行业网络安全问题,针对社会公众关注的热点问题而进行的网络安全体验展等系列主题宣传活动,以营造网络安全人人有责、人人参与的良好氛围。

该活动在每年9月第三周举办,第一届举办时间为2014年。

2014年、2015年,国家网络安全宣传周的主题为"共建网络安全,共享网络文明";2016—2020年,国家网络安全宣传周的主题为"网络安全为人民,网络安全靠人民"。

3.《中华人民共和国网络安全法》

《中华人民共和国网络安全法》是为保障网络安全,维护网络空间主权和国家安全、社会公共利益,保护公民、法人和其他组织的合法权益,促进经济社会信息化健康发展而制定的法律。

该法由第十二届全国人民代表大会常务委员会第二十四次会议于2016年11月7日通过,自2017年6月1日起施行。

4.《网络信息内容生态治理规定》

国家互联网信息办公室发布的《网络信息内容生态治理规定》(以下简称《规定》)自2020年3月1日起施行。《规定》的出台是依法治网的重要体现,真正让法律成为高悬的"达摩克利斯之剑",让互联网在法治轨道上健康运行。

《规定》全文共八章四十二条,深入贯彻习近平新时代中国特色社会主义思想,全面贯彻落实党的十九届四中全会精神,坚持系统治理、依法治理、综合治理、源头治理,规定了网络信息内容生态治理的根本宗旨、责任主体、治理对象、基本目标、行为规范和法律责任,为依法治网、依法办网、依法上网提供了明确可操作的制度遵循。

四、学习反馈

（1）课堂活动反馈。

课堂活动	你最大的收获或感想	你的建议
活动 1 分组讨论： 无"网"的生活		
活动 2 跨越危险地带： 网络的利与弊		
活动 3 案例分析： 如何正确使用网络		

（2）拓展延伸项目反馈。

拓展延伸题目	最打动你的细节	你最大的感受
微电影 《断不开的网》		
你学习的法律知识： _____		

（3）通过本次主题活动，你在"'网'乐人生"方面，是否还存在感到困惑的地方？主要的困惑点是：_____

_____

_____

_____

_____

别担心，我们会为你保密！若你需要帮助，我们将提供必要的支持。

附:大学生网络使用调查问卷

1.你的网龄为( )。

A.1~3年　　　　　　B.3~5年　　　　　　C.5年以上

2.和一年前相比,你现在去新闻网站看新闻的时间是否减少?
( )

A.是　　　　　　　B.否　　　　　　　C.没有太大变化

3.你的朋友多数是( )。

A.现实中的朋友　　B.网络中的朋友　　C.各占一半左右

4.与现实中的朋友相比,你与网络上朋友们的交流如何(如打电话、
发信息、见面次数等)? ( )

A.联络次数和交流时间没变化

B.现实朋友交流时间和次数减少,但变化不大

C.现实朋友交流时间和次数减少,变化很大

D.几乎不再与朋友进行交流,都在网络上进行

5.上网对你的学习生活的影响如何? ( )

A.往往有冲突　　　　　　　　B.有时会影响

C.有影响,但影响很小　　　　D.相得益彰

6.经常上网会不会影响你的正常生活习惯? ( )

A.会　　　　　　B.不会　　　　　　C.有点但不大

7.你对网络文化的看法是( )。

A.先进且重要　　　　　　　　B.有点用

C.无用　　　　　　　　　　　D.无用且有害

8.你上网的主要目的是(多选)( )。

A.获取学习资料　　　　　　　B.获取资讯

C.网络聊天　　　　　　　　　D.打游戏

E.观看音视频　　　　　　　　F.网上购物

G.邮件   H.其他

9.占据你上网时间最长的是以下哪种情况?（多选)（　　　）

A.获取学习资料   B.获取资讯

C.网络聊天   D.打游戏

E.观看音视频   F.网上购物

G.收发邮件   H.其他

10.你对学校在学生网络安全教育方面有什么好的建议?

_____

_____

_____

_____

附　录

你需要知道的机构和组织

1.国家卫生健康委员会

简介:国家卫生健康委员会(简称"国家卫健委"),负责贯彻落实党中央关于卫生健康工作的方针政策和决策部署,在履行职责过程中坚持和加强党对卫生健康工作的集中统一领导。

2.中国疾病预防控制中心

简介:中国疾病预防控制中心(简称"中国疾控中心"),是由政府设立的实施国家级疾病预防控制与公共卫生技术管理和服务的公益事业单位。其使命是通过对疾病、残疾和伤害的预防控制,创造健康环境,维护社会稳定,保障国家安全,促进人民健康;其宗旨是以科研为依托、以人才为根本、以疾控为中心。

3.中国计划生育协会

简介:中国计划生育协会(简称"中国计生协"),成立于 1980 年 5 月 29 日,为中国计划生育、生殖健康领域最大的全国性、非营利的群众团体,是党和政府联系广大育龄群众和计划生育家庭的桥梁和纽带,是协助政府落实计划生育基本国策、促进人口长期均衡发展与家庭和谐幸福的重要力量,承担宣传教育、生殖健康咨询服务、优生优育指导、计划生育家庭帮扶、权益维护和流动人口服务等任务。

4."生命之舞"组织

简介:"生命之舞"是全球最成功的青年项目之一,自2004年在荷兰创办以来,一直致力于建设一个支持青年的社会,让他们学会保护自己,终结艾滋病、非意愿妊娠和性暴力。"生命之舞"以喜闻乐见的舞蹈形式为载体影响青年,用全球统一的舞蹈和音乐带来的正能量将所有青年平等地联系在一起,激励青年参与到解决问题的过程中,希望所有青年都能作出明智的决定。

5.12320卫生热线

简介:12320属于卫生行业政府公益热线,电话覆盖全国各地,服务对象为中国境内所有人,是一条卫生系统与社会和公众沟通的通道,是一个社会公众举报投诉公共卫生相关问题的平台,是一个向公众传播卫生政策信息和健康防病知识的窗口。它是卫生部门贯彻落实以人为本的执政理念,实行政务信息公开,进一步密切政府与人民群众联系,改进工作作风的一项重要举措,最终目的是提高人民群众的健康水平,更好地为人民的健康服务。

6.中国青年网络

简介:中国青年网络(China Youth Network,CYN)是全国第一个为10~24岁的年轻人开展性与生殖健康同伴教育,并倡导性与生殖健康及权利的青年志愿者组织。它是在中国计划生育协会(CFPA)倡导和组织下,在联合国人口基金(UNFPA)的支持下,于2004年6月成立的全国性青年组织。中国青年网络在发展过程中,与全球很多相关国际组织,如国际计划生育联合会(IPPF)、适宜卫生科技组织(PATH)、联合国人口基金(UNFPA)、玛丽斯特普国际组织(MSI)等,开展了合作。

参考文献

[1] 唐慧敏.大学生幸福能力培养实操教程[M].北京:高等教育出版社,2017.

[2] 中国计划生育协会.青春健康人生技能培训指南:成长之道[M].北京:中国人口出版社,2012.

[3] 苏颂兴,刘永良.让青春的日子阳光灿烂:青春健康项目的理论与实践[M].上海:上海人民出版社,2006.

[4] 王红菊,尹红霞.大学生心理健康教育[M].成都:电子科技大学出版社,2020.

[5] 李菁华.大学生心理健康教育——做一个心理阳光的人[M].天津:天津科学技术出版社,2020.

978-7-5689-2189-3